CSR

誇れる会社であるために

TO BE A PROUD COMPANY
CSR AS A STRATEGY

戦略としてのＣＳＲ

西村あさひ法律事務所　柴原 多／湯川雄介／根本剛史

CROSSMEDIA PUBLISHING

まえがき

本書は「CSR」について、企業はどのように対応すればいいかを考えるための本です。

手に取ってくださった方は、少なくとも「CSR」という言葉を聞いたことはあると思います。しかし、実際には「何をやればいいのかわからない」「なぜやらなければいけないのだろう」という方も多いのではないでしょうか。

まず強調したいのは、CSRに「これをやればいい」といった正解はないことです。CSRに関する国際的な原則や規範も存在しますが、それは対処を考える上での枠組みに過ぎません。実際には、企業自身がどのような課題に対し、どのように対処していくかを考えていくことになります。

「決まりがないなら、対応しなくていいのでは」とも思われるかもしれませんが、そうではありません。CSRは「企業の社会的責任」と訳されます。「責任」なのですから、対応しなければいけません。

ところが、ＣＳＲを実践しようとすれば、数々の疑問が生まれます。

資本主義社会において、企業の経営陣にとって重要な使命は、企業価値を向上させることです。企業価値を向上させるためには、売上を確保・拡大し、経費を適正化し、利益を捻出しなければいけません。

それにもかかわらず、人は人権問題や環境問題の軽視とも捉えられかねない不用意な発言をして、企業価値を毀損《きそん》することがあります。普段から問題発言をしているということではなく、周囲から愛される人物であっても、そうした事態を起こしてしまいます。

ウケを狙っただけの発言が、事後的に問題視されたに過ぎないのでしょうか。それとも、世間とのギャップが露呈したのでしょうか。世間とのギャップであれば、それは人権感覚なのか、環境問題の軽視なのか、はたまた経済格差なのでしょうか。

そもそもなぜ、ギャップが発生するのでしょうか。20年前であれば問題視されなかった発言が、現在では問題になることもあります。それはこの20年に何が変化したからなのでしょうか。

またそのギャップの軽視は、単に批判されるに過ぎないことなのでしょうか。企業にリアルな不利益が生じるのでしょうか。あるいは法的問題が生じるものでしょうか。

株主利益ばかりを重要視し、従業員を軽視することはCSRの観点から、どのような法的問題を生じさせ得るのか。

企業の事業活動により、侵害される人権があるならば、そこに企業はどのように対応すればよいのか。

現在の世界的な議論である環境問題に対し、企業の活動が悪影響を与えているならば、どのように是正しなければいけないのか。

現代社会においてITの活用・発展は不可欠ですが、その過程で生じ得る問題、または取り残される人々はどうすればいいのか。

少子高齢化の進む日本において、経済・企業に活力を取り戻すことが不可欠です。他方で、その過程において不必要な軋轢《あつれき》を起こすことは回避すべきです。そのような観点から、一つひとつの疑問について考えていきます。

本書を執筆するのは、国内外の企業案件を扱う、西村あさひ法律事務所の弁護士3

名です。それぞれが経験と専門的知見を持つ分野を担当しています。

・柴原　多（第1章1項、第2章、第5章1～4項、第7章1・2・4項）
・湯川雄介（第1章、第3章、第4章、第6章）
・根本剛史（第5章5・6項、第7章3・5～7項）

※一部重複あり

繰り返しになりますが、CSRに決まった正解はありません。企業が、経営者が、従業員が社会課題に対してどう考えるかにかかっています。

そのため、本書は読む人に論点を考えていただくことを主な目的としています。抽象的に感じられる部分もあるかもしれませんが、世の中に向けて自社が誇れる会社であり続けるためには、自分自身が対応を考える必要があるということを意識しながら読んでいただければ幸いです。

誇れる会社であるために
戦略としてのＣＳＲ

contents

第3章 企業活動により侵害される人権

第4章 全ての人を認めて受け入れる

contents

第5章 企業と環境・生物多様性

第6章 CSRの実践に必要なことは

第7章

これからのCSR

本書で解説している経済や政治の状況、各種データ等の情報は、特に明記のない場合、２０２２年10月現在のものを基準としております。ＣＳＲ上の課題や必要な対策、各企業・国の方針等は常に変化しています。あくまで執筆時点での情報・考察であることをご了承ください。また、本書の内容は筆者個人の見解であり、所属する組織を代表するものではありません。

ブックデザイン　別府拓（Q.design）
校正　加藤義廣（小柳商店）

第1章

企業が果たすべき「責任」は

01

CSRとは何なのか

「CSR」という言葉に、「難しそう」「綺麗事だろう」というイメージを持つ人もいるかもしれません。実践のためには、正しく理解することが大事です。まずは、「CSRとは何か」について見ていきましょう。

◆日本海に面した町に見る社会課題

数年前、筆者は日本海側の地方都市での裁判を受任しました。空港から裁判所までは、クライアントと1時間のドライブです。車中で「日本海と言えば、カニですよね」と尋ねたら、「昔は甘いものをねだれば、母親にカニミソを食べておけと言われたものです」と返ってきました。続いて、「環境変化のせいか、乱獲のせいか、いまはそんなに獲れませんが」とのことでした。

カニミソが本当にそこまでポピュラーな食べ物だったのかはともかく、カニ類の収

※1　農林水産省「海面漁業生産統計調査」より。なお、米国についての参考として：CNN ウェブサイト「米アラスカ州沖のズワイガニ漁、初めて禁漁に　数十億匹が周辺の海から消滅」

※2　日本における外国人雇用政策の参考として：独立行政法人労働政策研究・研修機構ウェブサイト「調査シリーズ No.157」
https://www.jil.go.jp/institute/research/2016/documents/157_07.pdf

穫量は、１９６８年の11・８万トンから２０１７年には2・6万トンと、約80％減少しています[※1]。収穫量減少の原因が環境変化だけかどうかはわかりませんが、重大な経済的インパクトが生じているようです。

ドライブの途中、港の近くを走っていると、「最近は海運業等で働く若い日本人も減った。外国人の技能実習生を受け入れるために寮を作っている」という話を聞きました。しかし、「数年研修してもすぐに帰国時期になるので、彼らは学んだノウハウを日本では使えません。母国で使えるなら良いほうで、産業が進んでいない国であれば、結局はノウハウの使い道が少ない」と言います。せっかく研修をしても、日本には長くいられないようです[※2]。

他方で、地方のたくさんの若者が都市部に流れることが、非正規労働者の増加に繋がっているという面もあります[※3]。地方で大学を出ても、地元ではなかなか就職先が見つからない。そこで都市部に出てくる若者を、企業は非正規として採用するわけです。

そうした背景もあり、経済格差はどんどん開いていきます。ヤング・エグゼクティ

※３　参照：①厚生労働省「平成21年版労働経済の分析」
https://www.mhlw.go.jp/wp/hakusyo/roudou/09/
②日本総研ウェブサイト JRI レビュー 2022 Vol.2 NO.97「アフターコロナの女性雇用と地方創生―主成分分析に基づく提言」（藤波匠）
https://www.jri.co.jp/page.jsp?id=101980

ブの中には「自分はそれなりに頑張ったので十分だが、子供の世代が心配だ」「自分はイチからITの勉強はできないが、次の世代にはしっかりと勉強させようと思う」という人もいます。親としては当然の思いでしょうが、お金持ちはお金持ちになる教育を次世代に準備しているのだなとも感じます。

「環境汚染はどこまで深刻なのだろうか」
「人権侵害や貧富の格差は本当に大きな問題なのだろうか」

筆者も、かつてはそう考えていました。しかし日本海に面した町で知ったように、社会には個人の努力だけではどうにもならない自然環境や社会的環境が存在します。私たちを取り巻く環境はどのように変化し、その変化をどのように捉えていくべきなのか。そんな疑問から、CSRに関する事柄を論じていきます。

◆貧富の格差の拡大が生む人権侵害

CSRとは“Corporate Social Responsibility”の略語です。日本語では「企業の社会

的責任」と訳され、経済産業省のウェブサイトでは、次のように定義されています。

「企業が社会や環境と共存し、持続可能な成長を図るため、その活動の影響について責任をとる企業行動であり、企業を取り巻く様々なステークホルダーからの信頼を得るための企業のあり方」※4

従前、「ＣＳＲ」という言葉はもっとシンプルに、企業による寄付等の社会貢献を指す言葉でした。それが現在のような広がりを持つようになった背景には、社会の変化があります。特に大きな影響を与えているのが、貧富の格差の拡大です。

かつて冷戦下では資本主義と共産主義が対立し、「自分たちだけが繁栄すること」は重要視されていませんでした。例えば米国にとって、資本主義拡大のためには、自分たちだけではなくアジアも繁栄する必要があった。そこで日本や韓国、台湾を支援したわけです。

そこから冷戦が終わり、資本主義が世界の主流になります。各国が経済成長していく中で、今度は「自分が稼ぐこと」が重要視されるようになる。そうして各国がより広い市場を求め、グローバル化が進んだ結果、経済格差が広がったと言われます。

※４　経済産業省「企業会計、開示、ＣＳＲ（企業の社会的責任）政策」による

日本では、米国やイギリスほど、「資産の格差」は広がっていません。ただし、「収入の格差」は大きく広がっています。

格差を表す有名な指標として、「ジニ係数」があります。これは0から1の間の値を取るもので、0に近づくほど所得格差が小さいことを示します。一般に0・5を超えると是正が必要な格差が生じているとされます。日本の場合、1990年に0・4334だったジニ係数は、2017年には0・5594まで上がっています※5。

格差が広がる中、人権問題が起きるようになりました。例えば、日本企業が労働者を安く雇おうと思えば、国内で雇用するのではなく、海外で人を雇えばいい。しかし海外での雇用が増えれば日本の労働者は仕事を失い、海外の労働者は安い賃金での労働を余儀されなくなります。

近時のわかりやすい例で言えば、新型コロナのワクチンです。流行初期、先進国ではすぐにワクチンを接種できましたが、新興国にはワクチンを打てない地域もありました。こうしたグローバルな経済格差が、非常に大きな問題になっています。

※5　厚生労働省政策統括官付政策立案・評価担当参事官室「所得再分配調査」による

◆ESG・SDGsとの違い

ＣＳＲに似た言葉として、「ＥＳＧ」や「ＳＤＧｓ」といった言葉があります。

ＥＳＧは、「環境（Environment）」「社会（Social）」「ガバナンス（Governance）」を意味します。投資との関係で用いられることが多く、「ＥＳＧ投資」とは、従来の財務情報だけでなく、これらの要素を考慮した投資のことです。特に、年金基金等大きな資産を超長期で運用する機関投資家を中心に、企業経営のサステナビリティを評価する概念が普及しています。

気候変動等を念頭に置いた長期的なリスクマネジメントや、企業の新たな収益創出の機会（オポチュニティ）を評価するベンチマークであるとされています※6。

次に、ＳＤＧｓとは、「持続可能な開発目標（Sustainable Development Goals）」を意味し、２０３０年までに持続可能なより良い世界を目指すための国際目標です。２００１年に策定された「ミレニアム開発目標（ＭＤＧｓ）」の後継として、「持続可

※６　参照：経済産業省ウェブサイト「ESG 投資とは」
https://www.meti.go.jp/policy/energy_environment/global_warming/esg_investment.html

能な開発のための2030アジェンダ」が2015年9月の国連サミットにおいて加盟国の全会一致で採択。SDGsはそこに記載されたものです。

SDGsは17のゴール・169のターゲットから構成され、地球上の「誰一人取り残さない（leave no one behind)」ことを誓っています。発展途上国のみならず、先進国も取り組む普遍的な目標であり、日本としても積極的に取り組んでいるとされています※7。

CSR、ESG、SDGsは、少なからず重複するところがあります。

例えば、SDGsのゴールの中には、気候変動（目標13）、海洋資源（目標14）、陸上資源（目標15）等環境に関する項目が含まれており、これはESGの環境と重なります。

また、ESGの「S（社会）」にはさまざまな社会課題が含まれます。「責任投資原則」※8では、人権、ダイバーシティ&インクルージョン、ディーセントワーク等の社会課題が取り上げられています。これらはSDGsのジェンダー平等（目標5）、成長・雇用（目標8）、不平等の廃止（目標10）等と重なります。

そして、前述したCSRの定義である「企業が社会や環境と共存し、持続可能な成

※7　参照：外務省ウェブサイト「JAPAN SDGs Action Platform」
https://www.mofa.go.jp/mofaj/gaiko/oda/sdgs/about/index.html

※8　国連環境計画・金融イニシアティブ並びに国連グローバル・コンパクトが推奨する投資家イニシアティブ= PRI（Principles for Responsible Investment）

長を図るため、その活動の影響について責任をとる企業行動」という部分の、「社会」「環境」はＥＳＧ・ＳＤＧｓの各要素と重なっています。

このように、これらの概念は解決を目指す社会課題に重なりが見られますが、行動主体に違いが見られます。「企業」の行動であるＣＳＲに対し、ＥＳＧは機関投資家が実践する原則、ＳＤＧｓは企業だけではなく各国政府・地方自治体、アカデミア、市民社会まで全ての人の行動が認められています。

右の視点を含め、これら三つの概念については、同じと捉える見方や違うと捉える考え方等さまざまです[※9]。本書ではその違いには着目せず、ここまでの理解にとどめておきます。

※９　参照：DIAMOND online ウェブサイト「意外と説明できないESGとCSRの違いとは？」
https://diamond.jp/articles/-/304602

02

CSR対応は「善行」ではない

人権問題や環境問題といったCSR課題への取り組みが、いま、企業に求められています。しかし、ビジネスとしての必要性がいまひとつ理解できないという人も多いでしょう。ここから、「なぜCSRへの取り組みが必要なのか」を考えます。

◆任意の活動ではなく「責任」

かつて、「メセナ活動」が盛んだった時期があります。メセナ（mécénat）とはフランス語で「芸術・文化を保護・支援すること」を指し、ローマ帝国で文化擁護政策を行った政治家マエケナスの名が語源と言われています。

例えば、優秀なバイオリニストを育てるために高価なバイオリンをプレゼントする、音楽祭を開催する。あるいは地域住民が芸術に触れる機会を増やすために、ホールを建てる。こうした文化・芸術活動に対する企業の支援活動です※10。

※10　参照：文化庁ウェブサイト メセナ活動実態調査
https://www.bunka.go.jp/seisaku/geijutsubunka/mecenat/jittai_chosa/

また、「フィランソロピー活動」というものもあります。フィランソロピーとは、ギリシャ語の「フィロス（Philos：愛）」と「アントロポス（Anthropos：人類）」を語源とする言葉で、メセナよりも広い意味での社会貢献活動を指します※11。寄付や慈善活動等、地域や社会にとってプラスになることを目的とした活動です。

ＣＳＲはこれらの活動と同様に捉えられがちですが、本質的に別のものです。企業がメセナ活動やフィランソロピー活動を行うかどうかは任意であり、企業活動とは無関係な文脈で成り立ち得る「善行」です。一方で、ＣＳＲはその用語が示すとおり、企業の「責任」です。責任である以上対応が求められるという点において、決定的な違いがあります。

フィランソロピーやメセナ活動が悪いことだと言っているわけではありません。ただ、それらとＣＳＲを混同すると、ＣＳＲが企業にとって任意の「善行」であると誤解される危険があります。

ＣＳＲは企業自身に関わる社会課題解決の議論です。例えば企業活動において大量の二酸化炭素や有害な廃棄物を排出する、サプライチェーンをたどっていけば外国の

※11　参照：公益社団法人日本フィランソロピー協会ウェブサイト　https://www.philanthropy.or.jp/

山奥で幼い子供を働かせている。そうした、環境や社会に悪影響を与えることをやめるといったことをしっかりやっていこう、ということです。自らの事業活動とはまったく関係のない社会課題についてまで、企業に責任を負わせるものではないと本書では捉えています。

　世の中にはいろいろな問題があります。自分自身にも、会社の事業を取り巻く分野にもある。自らの活動が環境や社会に影響を与える以上、それに取り組むのは自然なことではないでしょうか。

図表1　メセナ・フィランソロピーと CSR の比較

メセナ・フィランソロピー

・企業が行うかどうかは任意の「善行」
・企業活動とは無関係な分野でも行う

CSR

・企業が果たすべき「責任」
・企業活動と関わる分野が対象

◆ペナルティやメリットは本来の理由ではない

本書を通して説明していきますが、企業が積極的にＣＳＲに取り組む場合、そこにはいくつかの理由があります。

一つ目はコンプライアンスに近い発想です。時代の変化を受け、「いまはお金儲けをするだけではなくて、人権や環境問題にも取り組まなければいけない」と考えて、行動に移す。

二つ目は、より積極的な姿勢です。ＣＳＲに取り組むことによって、自社の株価が上昇する、顧客からの信頼を得られる、優秀な人材を採用しやすくなる。だったらやってみよう、という方向性です。

三つ目が、損をしないためです。企業がＣＳＲ課題に取り組まなければ、投資家からは「ダイベストメント※12を行わざるを得ない」とプレッシャーがかかります。消費者側からは「あのお店には行かない」「あの商品は買わない」といった不買運動が起こります。こうした経済的なリスクがあるからこそ取り組む、という側面もあります。

※12　投資している株式や債券、投資信託等を手放したり、融資している資金を引き上げたりすること

ただ、本来的に考えれば、前記のように、自らの活動に起因して環境、社会への影響が生じ得る以上、そもそもＣＳＲ対応も自らの責任において行うべきものであり、ペナルティがあるから、あるいはメリットがあるからという、いわば損得勘定でやるものではないはずです。

03

ＣＳＲと法的拘束力

ＣＳＲとは「企業の社会的責任」であると説明しました。とはいえＣＳＲ対応をしていない企業が必ず法的に罰せられるわけではありません。この点では、「ハードロー」と「ソフトロー」の概念を知るとわかりやすくなります。

◆「ハードロー」と「ソフトロー」

ハードローとは、会社法、民法、独占禁止法、各種事業上の規制法令等の、国家が制定した法令を指します。破れば法的なペナルティを受け得るものであり、当然、企業は遵守しなければいけません。狭義での「コンプライアンス」とは、これらハードローを守ることを言います。

対して、ソフトローとは、国家が制定した法令ではありません。法的強制力があるわけではなく、何らかの根拠に基づいた規範性を持つルールを指します。
例えば、政府が示す法的拘束力を有しないガイドライン、各種団体が制定した自主的な規範（東京証券取引所が定めるコーポレートガバナンス・コード、スチュワードシップ・コードに関する有識者検討会が定めるスチュワードシップ・コード等）、国連の「ビジネスと人権に関する指導原則」（国連指導原則）等がこれに当たります。

CSRの世界では、ソフトローに基づく規範が企業の「責任」の基礎になります。社会活動を規律する規範的なものとしては、ほかに「道徳」「倫理」「礼儀」等もあります。例えば「道徳」は、「ある社会で、その成員の社会に対する、あるいは成員相互間の行為の善悪を判断する基準として、一般に承認されている規範の総体」（『広辞苑』）とされています。

しかしながら、道徳のような社会規範は明確な根拠がない点や、その内容の幅が広いという点でソフトローとは異なっています。企業がこれらに反することで非難の対象とはなり得ても、その遵守が明確な「責任」であるとまでは考えられていないという点で、CSRとは区別されると言えるでしょう。

◆法律ではなくともすでに対応は必須

では、ＣＳＲの観点で企業は具体的にどんなソフトローを守ればいいのか。「これ」といった正解はありませんが、課題ごとに世界的な規範があります。例えば人権問題であれば、２０１１年に国連が定めた「ビジネスと人権に関する指導原則」が代表的です。

世の中で人権へのどんな負の影響が起きているかを認識する。そこに自分の事業がどう結び付いているのかを知る。人権侵害をしていないか、自分では侵害していなくても、サプライヤーが侵害していないかを検証する。その上で、もし該当しているのであれば、是正できるかどうかを確認し、公表すべき必要があれば公表する。こうした一連の流れを企業の人権尊重責任として示したものです。

これらは名前が示す通り「原則」であり、法的拘束力を持つものではありません。このような形をとっていることには、「法的拘束力を持たせるまでの合意形成ができないから」という背景もあります。

国の中で法律を作る上では、さまざまな利害関係がぶつかり、なかなか議論がまとまりません。国際間の条約であれば、なおのこと大変な仕事になります。そのため、あえてハードローではなく、ソフトローとして「原則」を定めたというところがあります。

ただ、法的拘束力がない中でも、先見性を持った企業はそれに沿った形で活動をしてきました。また、そのような取り組みを求める波は、すでにどんな企業であっても避けられないものになっています。

04

ＣＳＲ非対応のリアルなリスク

ソフトローについて、「違法でなければ制裁もないのだから、守らなくてもいいだろう」と考える企業があります。これは日本だけではなく、欧米でも同様です。以前であればそれでもよかったのかもしれませんが、現在ではＣＳＲを軽視する企業に対して、リアルなリスクが表面化しています。

◆ＣＳＲは「評判の問題」なのか？

従前は、そして、現在でもなお、ＣＳＲに関するリスクは多くの場合「レピュテーションリスク」と捉えられてきました。

「社会課題対応は法的な問題ではなく、単なる〝評判〟の問題である。お金を稼ぐことが本業である以上、ＣＳＲに取り組んでいる余裕はない。評判が下がる程度なら問題ないのではないか」という考え方です。

しかし現在は、そのリスクが単なる「評判」を越えて顕在化してきています。法で罰せられなくても、社会的なペナルティを受けるわけです。

わかりやすい例では、消費者の不買運動です。企業のＣＳＲ上の問題が拡散されることで、「あのチェーン店では食べない」「あのブランドの服は着ない」といった人たちが出てきます。

また、採用面でも影響してきます。人権侵害や環境破壊が大きく取り沙汰されることで、人々の意識も変わっていきます。ＣＳＲに取り組んでいない企業には入社しないという人は、決して少なくありません。また、そのような企業では、既存の社員からも見限られて離職要因となる等、リテンション（人材の維持）の観点からも問題となり得ます。ただでさえ労働力不足の中、さらに人材の確保・維持が難しくなります。

また、資金調達の面でもリスクが存在します。

機関投資家がＣＳＲを推奨する団体に加盟している。あるいは国連が定める責任投資原則に署名している。自分で「責任ある投資をする」と言っている以上、体現しなければいけません。

投資家は、当然、企業の評判を見ています。例えば企業の活動上で人権侵害が行われているとなればダイベストメントの可能性もあり、ロシアやミャンマー等では実際に起きています。CSRを軽視することが、資金調達ができなくなるという大きなリスクにも繋がりかねないのです。

◆裁判での提訴

CSRに対応しないことのわかりやすいリスクが、裁判で訴えられることです。日本企業ではまだ起きていませんが、世界的には事例があります。

一例として、アフリカで天然資源の採掘事業を行う企業により水質汚染が発生し、地域住民の健康等が害されたとされる事案があります。このケースでは、当該企業の親会社が親会社の本国で提訴されました※13。

通常、裁判ではまず、その国の裁判所で争うことが法的に可能な案件なのかが問われます。この例のように、人権侵害が本国で発生したことではなく、親会社自身が直接行ったわけでもない場合、本国の裁判所では扱われないことも考えられます。

しかし、そこを越えて審理に至る事案が出てきています。訴えた側が明確に勝訴に

※13　参照：BSR ウェブサイト「How Companies Should Respond to the Vedanta Ruling」
https://www.bsr.org/en/our-insights/blog-view/how-companies-should-respond-to-the-vedanta-ruling

なったケースはまだないようですが、企業としては、いずれにしろ訴訟対応をしなければならず、大きな負担になります。また、実質判断に至る前に和解をしたケースもあり、経済的負担が生じることもあります。

◆非司法機関への申し立て

裁判所のような司法機関ではないけれど、国際機関と政府が連携して審議をする組織があります。例えば、OECD※14の多国籍企業行動指針に基づいて日本に設置されている、National Contact Point（NCP）等です。

このような非司法機関へ企業が申し立てをされるケースが、実際に起きています※15。

もちろん、そこで企業の責任が認められても、法的に強制執行して損害を賠償させるというようなことはできません。とはいえ、国際機関や国を背景とした組織に対する申し立てです。企業としては、きちんと対応せざるを得ません。裁判と違うとはいえ、実際に似たような対応を迫られることになるという意味では、訴訟対応に近いリスクを負うことになります。

※14　経済協力開発機構（Organization for Economic Co-operation and Development）
※15　参照：外務省ウェブサイト「企業の社会的責任（CSR）」OECD多国籍企業行指針内「6　日本NCPが今までに取り扱った案件（手続が終了した案件）」
https://www.mofa.go.jp/mofaj/gaiko/csr/housin.html

また、非司法機関における判断に法的拘束力はないといっても、判断の基準は国際的なスタンダードを基準にしています。責任があると判断されれば、無視するわけにもいきません。敗訴した場合と似たリスクがあり、その事例もあります。

例えば、オーストラリアの銀行がカンボジアにある子会社を通じて、砂糖工場に融資をしていた事案があります。その砂糖工場では土地の不適切な収用、児童労働、危険な労働環境での労働等の人権侵害行為がなされたとされ、銀行はＮＧＯ等の批判を受けて、融資を引き上げました※16。

ところが、ＮＧＯから「それだけでは無責任だ」とオーストラリアのＮＣＰに申し立てがされ、結果的に銀行は住民に補償することを内容とする和解をすることになりました。また、その後グローバルレベルで活動している銀行としては初めて、人権に関する苦情申立メカニズム（いわゆるグリーバンスメカニズム）※17を設けることになりました。

※16　参照：QuickESG研究所ウェブサイト「【RI特約記事】ANZグループが人権問題でOECD多国籍企業ガイドライン違反に」
https://www.esg.quick.co.jp/research/938

※17　人権侵害の被害者の申し立てを受け付け、適切な改善策を実施するための仕組み

05

ソフトローが実質的な強制力を持つケース

先述の通り、ソフトローには法的拘束力があるわけではありません。しかし、いくつかの環境下では、実質的に強制力を持つ結果となり得る場合があります。それぞれのパターンを紹介します。

◆取引先から対応を求められる

CSR課題への取り組みとして、デュー・ディリジェンス（DD）というものがあります。国連指導原則やOECD多国籍企業行動指針等のソフトローに従って、人権や環境への悪影響を予防・是正するために調査を行い、しかるべき対応をすることです（詳細は第3章）。

例えば、自社の取引先が自主的に人権DDをしている場合、あるいは後述するように人権DDの義務を負っている場合、その企業は自社だけではなくサプライチェーン全体について、ＤＤを実施することが求められます。

そのため、取引先にも取引の条件としてＣＳＲへのコミットを求める場合がありま す。日本企業においても、このような取り組みが増えています。

具体的には、次のような仕組みです。

①取引開始前に、取引先のＣＳＲ基準等への賛同・コミットメントが求められる
②ＣＳＲに関する事前監査に合格しなければ、取引を行うことができない
③監査合格後に締結される取引契約においても、ＣＳＲ事項の遵守や継続的な監査を受ける必要があるとされる

取引先からこのような要求をされる場合、実質的に自社もＣＳＲ上の要求事項を遵守する必要があります。取引開始後の違反は契約違反となり、結果的に法的な責任を負うことになります。法律で縛られているわけではないけれど、契約という形で結果的に法的強制力を持たされているわけです。

◆団体・組織への加盟

二つ目は、CSRを推進する団体に加盟する場合です。

一例として、UNGC※18という組織があります。UNGCには日本における組織もあり、多くの日本企業が加盟しています（2022年8月時点で506企業・団体）※19。

企業にとって、このような団体への加盟のメリットの一つは、他社との意見交換や勉強会に参加できる点です。多くの企業では、自社だけでは社会課題に対してどう取り組んでいいかわかりません。他社の取り組みや専門家の話を聞いたりすることで、やるべきことの参考になります。

また、このような団体に加盟することが、CSRへの取り組みの対外的なアピールになるという側面もあります。

加盟には人権尊重、労働の権利の支持、環境課題への取り組み、腐敗防止等のCS

※18　国連グローバル・コンパクト（United Nations Global Compact）
※19　グローバル・コンパクト・ネットワーク・ジャパンウェブサイトより

R課題に関する諸原則に賛同することが条件になっています。審査もあり、過去に原則に反するようなことをしていた場合、加盟できないこともあり得ます。また、加盟してからも、毎年取り組みに関する開示が義務付けられます。

こうした過程を通じて、一定の基準でCSRに取り組むことが求められます。CSR対応をおろそかにしてしまっては、組織に居続けられなくなるおそれがあります。そのような観点から、一定の範囲で事実上の強制力が働くことになります。

◆公共調達の必須条件に

2020東京オリンピック・パラリンピック競技大会の際、同大会の組織委員会は、大会の準備・運営の公共調達プロセスにおいて、持続可能性に配慮した調達コードを策定しました。企業の調達参加の条件は、サステナビリティに関わる各分野のソフトローを含む国際的な合意や規範を尊重することです※20。

これはオリンピック・パラリンピックという特殊な場面ではありますが、今後、公共調達の条件としてCSR対応が含まれる動きが、日本でもより活発になっていくことが予想されます。実際にも、近時、政府は企業のサプライチェーン上から人権侵害

※20　参照：東京2020オリンピック・パラリンピック競技大会 東京都ポータルサイト「持続可能性に配慮した調達コード」
https://www.2020games.metro.tokyo.lg.jp/special/watching/tokyo2020/games/sustainability/sus-code/

をなくすための取り組みを進める企業に対し、政府が行う公共調達で優遇する仕組みを検討する方針を明らかにしたという旨の報道がされています※21。

公共調達に参加できないとなると、事業の継続性自体に影響を与えかねませんし、ほかの企業が優遇されるのであれば、それに遅れを取るわけにはいきません。国が率先して条件を設ければ、おのずと企業も守るようになります。官製の仕事を得るためにもソフトローを守らなければいけない、という力が働くわけです。

◆開示した企業ポリシーとの平仄《ひょうそく》

ソフトローが実質的な強制力を持つパターンとして、最後に、企業が自分でソフトローを「守る」と宣明した場合です。

日本の上場企業の多くは、自社の人権規範を作ってホームページに開示しています。自分たちがやるといった以上、当然守らなければいけないという力が働きます。

また、規範を作ったのはいいけれども、実際には取り組んでいないとなれば、世間からの非難もあります。

このような行為は「ごまかし」や「うわべだけの」を意味する「ホワイトウォッシュ」

※21　参照：THE SANKEI NEWS ウェブサイト「人権配慮の企業、政府調達で優遇へ」
https://www.sankei.com/article/20220913-W5DYXFSVKVKXXMKH5EH2RLKTAE/

の派生語として、環境課題については「グリーンウォッシュ」、人権課題については「ブルーウォッシュ」と呼ばれています。

以上、ソフトローであっても、その適用のされ方によっては、ハードローが持つ強制力と同様、あるいは類似の影響力を持ち得るという点についてお話ししました。

昔は「法律さえ守っていればいい」と言っていたけれど、ソフトローというものができた。それが抽象的な〝評判〟の話を離れて実際に企業の行動をコントロールするようになってきた。つまりハードローが持つ効用に近くなってきているのです。

06

ソフトローがハードローに変わるとき

前項では、ソフトローが強制力を持ち得る場合についてお話ししました。加えて、もともとソフトローだったものが、ハードローへと変化する場合もあります。その流れについて詳しく見ていきましょう。

◆ハードロー化の流れ

ここまでにもお話ししているように、ソフトローを尊重してCSRにしっかり取り組む企業もあれば、そうではない企業もあります。ハードローへの変化を促す最も大きな要因は、法的拘束力のないソフトローでは、結局企業が遵守しない傾向にあるという点です。

また、企業間に不公平が生じるという問題もあります。CSR対応のためには、ヒト・カネ等、相応のリソースを割く必要があります。CSR対応をしている企業からすれば、正直者が馬鹿を見ることになります。当然、「うちはちゃんと守っているのに、何もしていない会社もあるじゃないか」といった声が起こります。「同じ土俵で戦っておらずフェアではない」という議論であり、そのような土俵を「レベル・プレイング・フィールド」と言います。

一方で、CSRへの意欲はあるけれど、しっかりとした取り組みができていない企業もあります。そうした企業からは、「法律だったら守りやすい」という声も出てきます。CSRに取り組むように社内を説得しようとしても、ソフトローだと難しい。法律だったらコンプライアンス問題として説明がしやすい、という考え方です。

こうした事情がソフトローをハードローにする流れを作り、欧州を中心に最近の大きなトレンドとなっています。次からは、特に「ビジネスと人権」にまつわるハードロー化の動きをご紹介します。

◆デュー・ディリジェンス（DD）タイプ

ソフトローがハードロー化していく場合には、いくつかのパターンがあります。

一つは「DD型」と言えるものです。DDの実行、あるいは実行自体は求めなくても、社会課題に関するDDへの取り組みの有無や状況等についての開示が義務付けられる法律です。

これはさらに大きく二つのカテゴリに整理することができます。

一つは対象となる課題を特定・限定するものです。

ひと口に「人権問題」と言っても、さまざまな課題があります。その中で特定の課題設定をして、その課題に関するDDや取り組み状況の開示を義務付けるというアプローチです。

この一例が「現代奴隷法」です。2015年にイギリスで制定されたもので、オーストラリアとカナダにも同様の法律があります。

現代奴隷法は、強制労働や人身売買等の特定の人権課題に着目した上で、自社あるいはサプライチェーンも含めた企業活動の中で、これらに関する取り組み状況を開示することを義務付けています。

このほか、オランダでは２０１９年に「児童労働デュー・ディリジェンス法」が制定されました。これはサプライチェーン全体にわたり、児童労働による商品・サービスが生産されているかどうかの調査を義務付けたものです。

一方で、最近は法律の対象となる社会課題が広がっていく流れがあります。ドイツやＥＵでは、特定の人権課題に限定せず、環境問題等ほかのＣＳＲ課題を含めた法律を作る動きがあります。一定の規模を超える企業に対して、ＤＤの実施を義務化し、罰金等の行政処分や、公共調達への入札禁止等のペナルティを定めるものです。

ドイツは２０２１年に成立して２０２３年より施行、ＥＵでは指令案の公表がなされ、ＥＵ議会において審議がなされている段階です。

法律に表れる国の姿勢

法律にどこまでの課題を含めるかは、各国の国内における議論やものの考え方によっても異なり得ます。例えばオーストラリアが現代奴隷法を制定したのは、国内政治の動向の影響を受けているという話をオーストラリア弁護士から聞いたことがあります。

また、最初から広い課題を設定すれば実践が難しいという側面もあります。現在日本でも人権ＤＤ法についての議論が起きていますが、企業からすれば、扱う課題が少ないほうが取り組みやすい反面、市民社会側からはより包括的な社会課題を取り扱うことが要求されているという構造が存在します。

◆特定の行為を禁止するタイプ

前述のようなＤＤに関する法律のほか、企業の具体的な行為を禁止するタイプのハードロー化の流れもあります。

例えば、米国で２０２１年に制定された「ウイグル強制労働防止法」では、その一部でも新疆《しんきょう》ウイグル自治区で生産、製造された製品は全て強制労働によるものであると推定して、輸入を一律禁止しています。

ただし、強制労働に基づくものではないと反証できた場合は、輸入してもいいという形になっています。輸入を希望する企業としては、反証のために結局は人権ＤＤを行うことになるのですが、強制労働に基づかないと立証することはかなりハードルが高く、また、中国における人権ＤＤはその実施自体が非常に困難であるとされています。

このような立法の例としては、２０２２年9月にＥＵで公表された規則案があります。これは強制労働産品のＥＵ市場への投入、またはＥＵ市場からの輸出を禁止するものです。米ウイグル強制労働防止法等とは異なり、地域を特定することなく世界的な強制労働産品が規制の対象となっている点に特徴があります。

このように、輸出入の禁止という事業活動に直接影響する禁止違反になっていることで、企業にとっては「何をしなければいけないか・してはいけないか」がより明確になると言えます。

column

今後予想されるハードロー化

今後ハードロー化が予測されるのは、例えば企業の女性採用や女性取締役の割合が決められる、あるいはその率を開示しなければいけない、といったことがあります。ほかにも、環境規制がどんどん厳しくなる中で、グリーンエネルギーを促進させる方向性もあるでしょう。

後述するように、欧州ではAIに対する規制が進んでおり、日本でも研究会がガイドラインを出しています。この点についてはようやくソフトローに至った程度ですが、将来的にハードロー化していく可能性があります。

07

日本に見られるネガティブな言説

ここまでお話ししたように、ＣＳＲ対応はリアルなリスクを避けるため、という意味を持ちます。しかし、ＣＳＲ対応への姿勢が消極的な企業も少なくないように見受けられます。なぜ日本はＣＳＲに消極的なのかを考えてみましょう。

◆「ＣＳＲは欧米文化の押し付けではないのか」

ＣＳＲを巡っては「欧米のルールの押し付けだ」「キリスト教が背景にあり、日本の伝統的な価値観にはなじみにくい」と言われることがあります。

まず、ＣＳＲを巡る規範が欧米主導で作られていることはそのとおりです。しかし、その中身についてではなく、出自が欧米であること〝のみ〟を理由として反対することが、果たして合理的・生産的だと言えるでしょうか。

例えば、人権問題について見た場合、多くの場合で問題になっているのは、労働環境、児童労働、強制労働、差別等です。これらを問題であると考える価値観は、日本でも一般的に共有されているでしょう。

また、少なくとも実務上は、ＣＳＲ課題と宗教に関連性があることは（ないとは言えませんが）必ずしも多くはないでしょう。考えられる例としては、ある宗教を国是とし、法制面でも女性に対する差別的な取り扱いをすることとされている国で、日本企業が女性を男性と平等に取り扱うことが問題となること等です。しかし、このような例でなければ、日本企業がその課題に直面するケースは決して多くはないでしょう。宗教と結び付けた批判や取り組みの否定に、説得力があるようには思えません。

そもそも、日本政府はＧ7やＧ20でＣＳＲ課題へのコミットをたびたび表明しており、国是としています。例えば、２０１９年に開催されたＧ20サミットで日本は議長国を務め、その中で当時の安倍総理大臣は次のようなメッセージを発しています[※22]。

「大阪サミットでは、自由貿易の推進やイノベーションを通じて世界経済の成長を牽

※22　G20 2019 JAPAN ウェブサイト「安倍総理大臣からのメッセージ」より

引すると共に、経済成長と格差への対処の同時達成、更にはＳＤＧｓを中心とした開発・地球規模課題への貢献を通じて、自由で開かれた、包摂的かつ持続可能な『人間中心の未来社会』実現を目標に掲げ、推進していきたいと考えます。

また、質の高いインフラや国際保健といった、世界経済の成長を実現するための国際公共財の供給に係る議論を牽引していきます。気候変動問題や海洋プラスチックごみ問題を始めとする地球規模課題に貢献し、議長国として、力強いリーダーシップを発揮していきます。

更に、デジタル経済への制度面の対応や、高齢化社会への対応についても議論し、あらゆる主体が活躍できる社会の実現のために、日本が推進するSociety 5.0時代の生産性革命等の取組を紹介しつつ、議論を推進していきます」

このように、ＣＳＲ規範はその内容を見ても、政府としての捉え方を見ても、押し付けられているわけではまったくありません。むしろ多くの日本企業は自らの意思でさまざまな社会課題に取り組んでいる、というのが真の姿ではないでしょうか。

◆「CSRは政治問題ではないのか」

ＣＳＲ課題は政治の問題なのかというテーマがあります。例えば、ある国で人権侵害が起きていた場合、これは人権問題なのか、政治問題なのか。政治問題として捉えるのであれば、民間組織である企業とは関係がないのではないか、という議論です。

理屈の上では、人権と政治とは区別できる話です。

例えば権威主義国家であっても、国民が自由に発言でき、自由に経済活動を行うことができ、人権やジェンダーの差別がなく、労働環境も守られている等、人権侵害が生じていないのであれば、一定の範囲で人権が尊重されているという評価もできるでしょう。独裁制なのか民主制なのかという政治体制の話と人権問題は、区別して議論をすることが可能なはずです。

また、世界人権宣言や国連が支持する各種の価値についても、場面によってはその全てではありませんが、国連に加盟している権威主義国家も尊重するという建前をとっています。

国連憲章の前文は、国連の創設に参加した国々の全ての人民が持つ理想と共通の目的として、次のようにうたっています。

「基本的人権と人間の尊厳及び価値と男女及び大小各国の同権とに関する信念を改めて確認し、正義と条約その他の国際法の源泉から生ずる義務の尊重とを維持することができる条件を確立し、一層大きな自由の中で社会的進歩と生活水準の向上とを促進すること」

ただ、実際には、人権問題を国内問題であるとした上で人権外交を内政干渉とする批判や、人権は普遍的なものではなく国や地域によって異なり得る相対的なものである、という類の主張が繰り返し行われているのも事実です。

この議論の当否は別として、注意すべきは、多くの場合これらの発言が権威主義的な国家のリーダーによるものだということ、また、そのような国では少なからず人権上の課題があるという点です。

このような国において、またはこのような国とビジネスをしている企業としては、

「人権」を語ることが「政治マター」となるため回避したい、という心情になることがあるようです。

それは理解できますが、右に述べたように、そもそも本質的に政治マターなのか、という点についてはしっかりと考える必要があります。

また、どちらとも言わない「中立」のポジションを取るという考え方もありますが、人権を否定するような言説を黙認することは決して中立ではなく、支持していると見なされかねません。そのような姿勢が日本企業としての立場や自社のポリシー、株主や消費者等との関係で何を意味するか、どう捉えられるかについて、しっかりと考えることが大事なのではないでしょうか。

第2章

ビジネス現場のCSR

01

ＣＳＲと利益は矛盾するのか

ビジネスとは利益を目的とした活動であり、簡単に言えば売上を上げて経費を払った残りが利益になります。売上を上げるため、経費を下げるためにすることをＣＳＲという観点で見たときに、どのように問題になってくるのでしょうか。

◆企業が最優先すべきものは

「株主利益最大化論」といわれるように、会社法においては、会社は株主の利益を最優先するものとされていました。「社会善を追求するＣＳＲは株主利益最大化論と矛盾するのではないか」ということが、議論の一丁目一番地となります。

この問いに対する明確な答えは、おそらくありません。ただし、いま問い掛けるべきは、「そもそも株主利益最大化論は絶対的なのか」ということです。

そして仮に株主利益最大化論が正しかったとして、「株主の利益とは、短期的なものなのか、中長期的なものなのか」。この二つの問いが必要だといわれます※23。

まず、そもそも株主利益最大化論は絶対的なのか、という点です。

米国では人種差別や環境問題等があり、早い段階からＣＳＲが重視されてきました。しかし、ＣＳＲへの取り組みに注力すれば利益は減ってしまう。米国の経済が落ち込んだ１９８０年代、「ビジネスをもっとシンプルに、利益優先で考えよう」ということで、株主利益最大化論という概念が再認識されました。この点に関しては、ミルトン・フリードマンの影響が大きいと

図表２　ステークホルダー重視か利益重視か

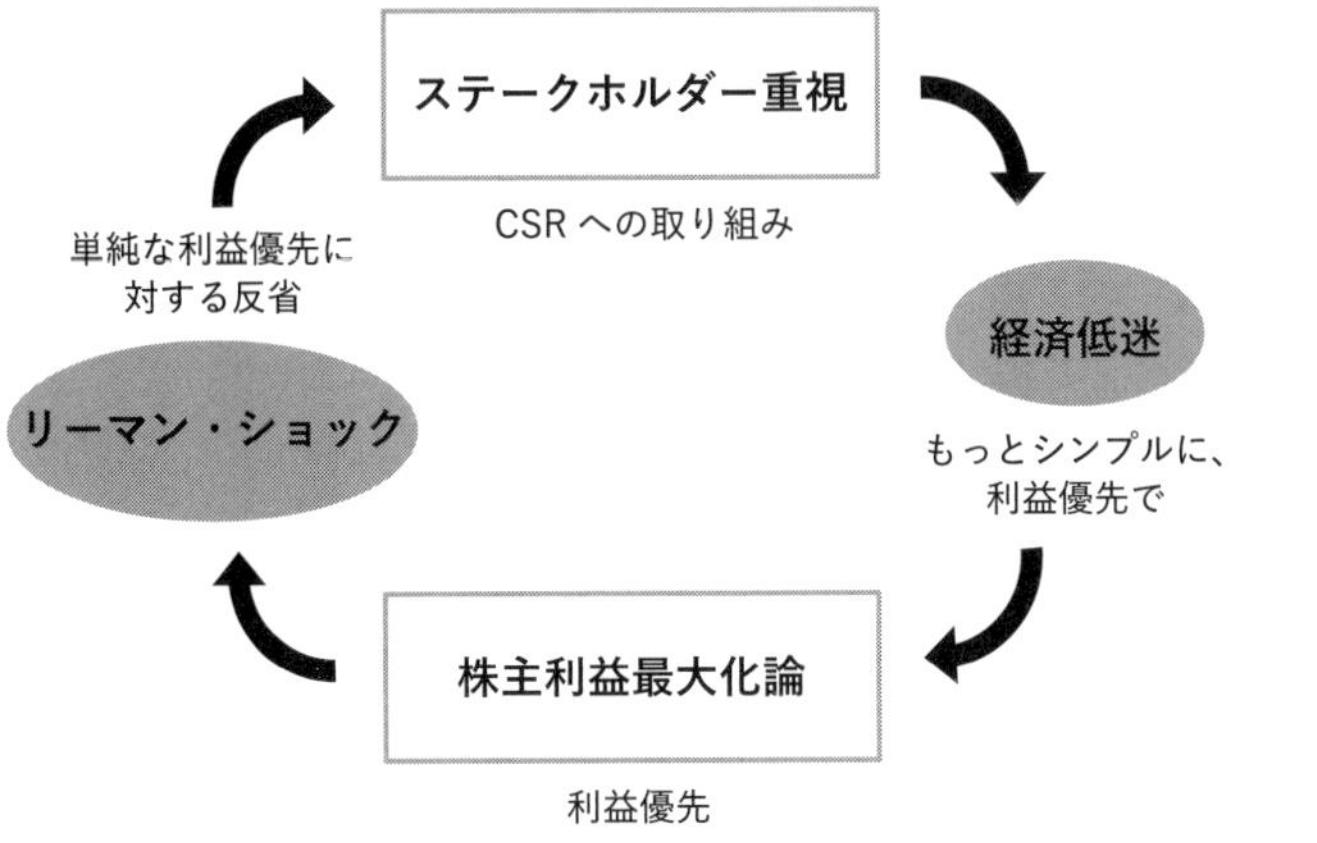

※23　参照：『ステークホルダー・キャピタリズム時代のコーポレートガバナンス』（大塚章男、中央経済社）

いわれています[24]。

その後、リーマン・ショック（サブプライムローン問題）が起きます。この出来事は、利益を重視するあまりリスクを適切に評価せず、格付けの高くないサブプライム層への住宅ローン貸付を膨らませたことに端を発します。さらに債券を現金化するために証券化して世界中に売却したことで、後戻りできない損失となってしまいました。

こうした背景から、単純な株主利益最大化論に対する反省が生まれます。利益だけを追求するのでは、結局社会は立ち行かなくなるのでは、という懸念から、従業員や顧客、取引先といったステークホルダーを重視する考え方が強くなっています[25]。

◆中長期的な利益のために何をすべきか

次の問いとなるのが、「株主の利益とは、短期的なものなのか、中長期的なものなのか」という点です。

日本の会社法では、取締役が善管注意義務[26]を負う対象は会社であるとされています。企業価値を最大化することが、取締役の義務であるということです。

※24　参照：The New York Times 1970.9.13『The Social Responsibility Of Business Is to Increase Its Profit』
https://www.nytimes.com/1970/09/13/archives/a-friedman-doctrine-the-social-responsibility-of-business-is-to.html

※25　参照：『商事法の新しい礎石』（共著、有斐閣）「会社は誰のものか」（大杉謙一）

企業価値向上のためには、その年だけではなく、中長期的に利益を上げなければいけません。このような考えに異論は少ないでしょう。

そして、中長期的な企業価値の確保・向上によって、会社の所有者である株主の利益も確保・向上します。つまり、取締役の行動は結果的に株主の利益の向上に繋がるものでなければいけませんが、直接的に義務を負っているのは、中長期的な企業価値の確保・向上ということになります。

中長期的に利益を確保するという意味では、当然、ステークホルダーに対する配慮は必要不可欠です。例えば安い賃金の従業員に長時間サービス残業をさせて利益を上げたとしても、次の年に未払い残業代で訴えられて損害賠償を払うのであれば、本末転倒なわけです。

そのため、日本の会社法上、必ずしも株主だけの利益を図るのではなく、企業価値が最大化するのであれば、ほかのステークホルダーの利益を考えることも認められているという見解があります。

例えば、中央大学の大杉謙一教授は次のように述べています[※27]。

※26　「善良な管理者の注意義務」の略。業務を委任された人の職業や専門家としての能力、社会的地位等に応じて、通常要求される義務

※27　参照：『商事法への提言』（共著、商事法務）「敵対的買収と防衛措置の法的効力に関する一試論」（大杉謙一）

①企業が付加価値を生み出す最大の源泉は、従業員である
②企業買収が社会的利益に反することが明らかな場合は、防衛措置が認められる
③長期的な株主全体の利益を目安としつつ、例外を場合ごとに定めていくべきである

従業員のためを考えることは、中長期的に見れば株主の利益にもなります。だからこそ、会社は従業員を適切な形で大事にしなければいけないということであり、CSRは単に従業員に奉仕をしようという話ではありません。

図表3　新しい資本主義

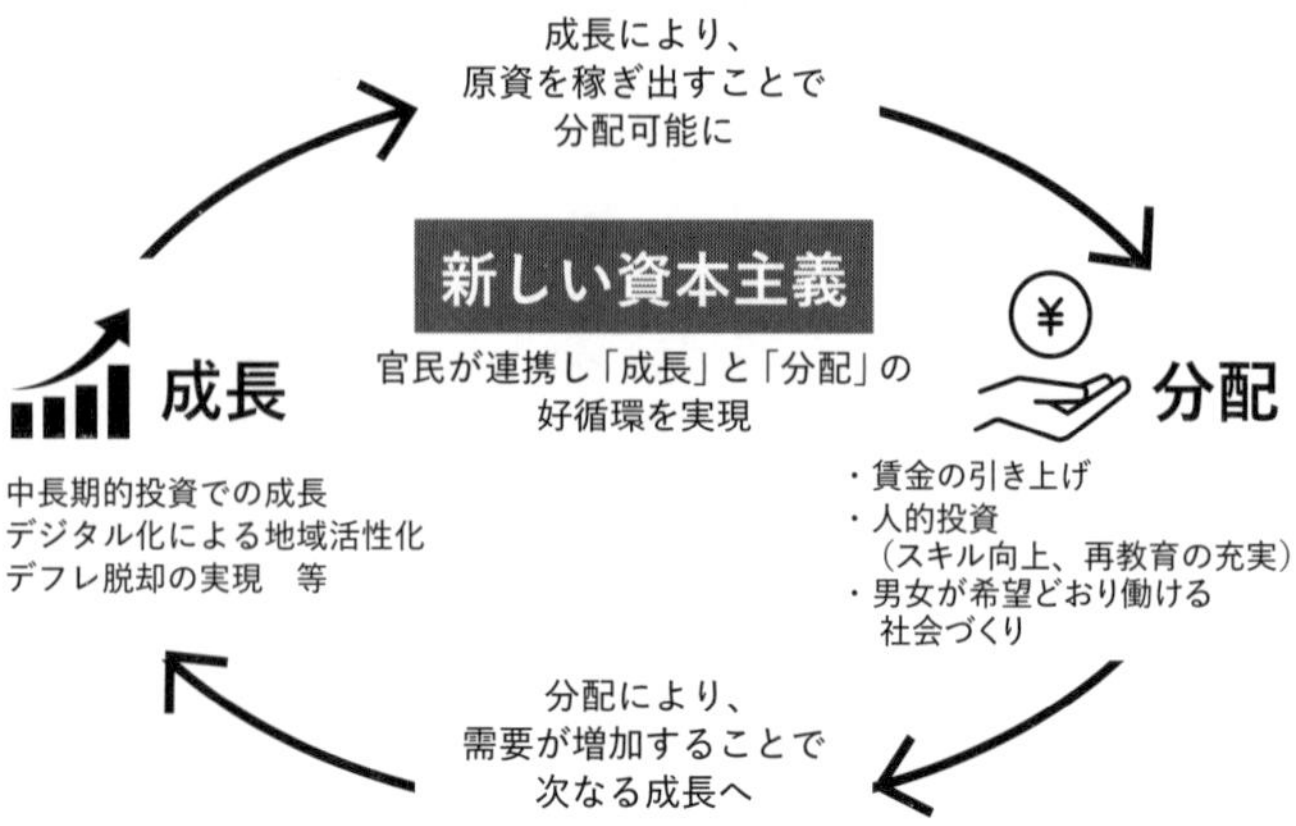

出典：政府広報オンライン

他方で、岸田総理が２０２２年３月に「新しい資本主義」※28（図表３）を提唱した直後、株価が下落しました（「岸田ショック」）。これはやはり株主利益を重視しなければ駄目だという、マーケットからのメッセージだとも言えます。こうしたバランスをどのように考えるか、今後考えていかなければいけない課題です。

◆課題解決のためにはR&D投資が必要

イギリスで発表された「ケイレビュー」という有名な報告書があります。この中では、企業はＲ＆Ｄ※29にもっと投資すべきだということがいわれています※30。

株主利益最大化論を短期的に突き詰めていくと、長期的な視野を持った研究開発投資が減ってきます。それでは新しい技術は生まれず、企業、そして社会は良くならないわけです。

そのような状況下で、世界で最もＲ＆Ｄに投資している国は米国といわれます。米国は株主利益が重視されがちといわれますが、短期的なことだけではなく、研究投資にもお金をかけています。

一方で、日本では前向きな研究開発費が少ないといわれます。２０１９年のＲ＆Ｄ

※28　資本主義への依存によって生じた、格差や貧困の拡大、中長期的投資の不足、気候変動問題等のさまざまな弊害を乗り越え、持続可能な経済社会の実現を目指す仕組み
※29　研究開発（Research & Development）
※30　参照：『商事法の新しい礎石』（共著、有斐閣）「会社は誰のものか」（大杉謙一）

投資は、米国6575億ドル、中国5257億ドル、日本1733億ドルとされています[※31]。

昨今、いろいろな原材料や製造のコストが上がっています。メーカーとしては値上げしたいわけですが、単純に値上げをすれば売れなくなってしまいます。2022年にはついに多くの日本企業も値上げの方向に舵を切っていますが、それまではコストを下げたり、量を減らしたり、各社工夫して乗り切っていました。

値上げをしないということは消費者としてはありがたいことでもありますが、別の視点では問題です。本来、コストが上がったら価格を上げるのは当然の企業戦略です。ところが、日本の企業には優秀な技術者や研究者がいるのに、コスト削減のための研究開発に労力が割かれているといわれます。

コストを下げる工夫は必要ですが、より良い商品を作るためのR&D投資をしなければ、日本のポテンシャルは低くなってしまいます。そうなると科学者や研究者が海外の企業に行ってしまいます。短期的な株主利益最大化論を選ぶことには、そうしたリスクも存在するのです[※32]。

※31　経済産業省「我が国の産業技術に関する研究開発活動の動向 －主要指標と調査データ－ 令和3年11月」より

※32　参照：『物価とは何か』（渡辺努、講談社選書メチエ）

02

社会課題の解決と知的財産権

これまで、知的財産権は、「自社の技術を守る」あるいは「他社の権利を侵害しない」という文脈で語られることが多いものでした。しかしいま、その議論は様変わりしつつあります。「知的財産権とＣＳＲ」はどのように捉えられるべきものなのでしょうか。

◆イノベーションにはモチベーションが必要

ＣＳＲ課題の一つに、地球温暖化があります（詳細は第５章）。パリ協定に基づき各国は定期的に対策の見直しを行っていますが、具体的な政策決定ではなく「ビジョン」を示したものも多いと言えます。世界が掲げている目標には現状の技術だけでは届かず、将来的にイノベーションが起こり、温暖化を解決する術が出てくることが前提になっています※33。

※33　参照：経済産業省資源エネルギー庁ウェブサイト「CO2 排出量削減に必要なのは「イノベーション」と「ファイナンス」」
https://www.enecho.meti.go.jp/about/special/johoteikyo/green_innovation_summit.html

では、どうすればイノベーションが起こるのでしょうか。いろいろな条件が考えられますが、そこにはモチベーションが必要です。

研究者には社会を良くしようという思いもありますが、当然対価も必要です。前述したR&D投資と同様に、科学者や研究者に対して適切な対応をしなければ、イノベーションは生まれません。「青色ダイオード」や、がんの免疫治療薬「オプジーボ」の開発等、実際に研究開発者とメーカー間の報酬を巡る紛争も話題となることがあります（特許法35条参照）。


そうした視点から、国による知的財産権の保護が極めて重要です。

欧州ではすでに政策として知的財産権の保護を強化しようという動きがあります。「Green IP」と呼ばれるもので、環境問題等の解決のために特許権を保護する目的です。具体的な内容として、一つはSEP[※34]へのアクセスを容易にすることです。これは特許権者と特許利用希望者の双方にメリットを与え得るといわれます。

また、「Green IP」の内容には、各国の統一特許裁判制度の導入があります。従来、特許を巡る裁判は国ごとに行われており、国際的な案件では、それぞれ違う判断になる可能性がありました。統一特許裁判制度の導入により、このデメリットを回避でき

※34　標準必須特許（Standard-Essential Patent）。準拠する製品の製造に不可欠な基幹特許のこと
近時の論文として参考：「IoT 時代における標準必須特許（SEP）をめぐる法的問題」（君嶋祐子）
https://www.inpit.go.jp/content/100874751.pdf

ます[※35]。

◆社会を良くするためのSEP

知的財産権を巡る議論として、単独の会社の技術では複雑化する社会的課題の解決は難しいという点があります。

例えば、スマートフォンはいろいろな会社の知的財産権の組み合わせによって作られています。私たちは一つのモノとして扱っていますが、開発過程ではたくさんの技術開発が存在し、その組み合わせにより製品化されているわけです。

そうした観点からも、近年はＳＥＰが大切だといわれるようになりました。複数の企業がそれぞれの技術を用いて商品やサービスを開発する上で、特許はしっかり守られなければいけません。一方で、社会的課題の解決のためには各社協力する必要があります。

ＳＥＰに関連してＦＲＡＮＤ宣言[※36]というものがあります。勝手に特許を使われた場合に、特許を保有する企業が差し止め請求することには問題ありません。しかし保有企業がＦＲＡＮＤ宣言をしておきながら、「でも御社には貸しません」となると

※35　参照：DLA PIPER "Green IP" 2021 年 5 月 20 日
※36　「公正（Fair）、合理的（Reasonable）かつ、非差別的（Non Discriminatory）」な条件の下で、実施者へのライセンスを行うと表明すること

問題です。

そもそも特許はイノベーションを維持するために認められるものであり、社会的相当性を欠く権利行使があってはいけません。社会を良くするため、ＳＥＰを上手に機能させる方法が議論されています[※37]。

アップルとサムスンの標準必須特許を巡る紛争では、ＦＲＡＮＤ宣言の効力が争われています。アップルの製品に対して、サムスンのＦＲＡＮＤ宣言に基づく差止請求権や損害賠償請求権の行使が許されるか、という争いです。

この事件の論点は多岐にわたりますが、知的財産高等裁判所では、「アップルはサムスンに対しライセンス料の支払義務を負うが、サムスンがＦＲＡＮＤ宣言をしている以上、ライセンス料の上限は同宣言に基づく金額によって画される」と判断されました[※38]。

◆日本が遅れるソフト社会への移行

特許には、各国の政策としての狙いが色濃く表れます。例えば米国が特許を大事にする背景には、１９８０年代に落ち込んだ経済を再生させるために特許が重要だった

※37　参照：日本総研ウェブサイト「ＣＳＲを巡る動き：知的財産権と社会的責任：特許訴訟合戦をどうみるか」https://www.jri.co.jp/page.jsp?id=21872

※38　参照：①『Legal Quest　知的財産法』（愛知靖之他、有斐閣）
②『The Invention 2014 No.9』「FRAND 宣言特許権に基づく差止請求権および損害賠償請求権の行使の可否」（生田哲郎他）

という政策的事情があるといわれます※39。

これからの社会において、特許の効力が大きく注目される分野として挙げられるのが「ソフト」分野です。日本はここで少し出遅れてしまったのではないかとの懸念が呈されています。

従来得意としていた「ハード」を作るところで立ち止まり、ソフト社会に移行ができていないのではないかという見方です。終身雇用制度自体がハード社会に向いた採用制度だという指摘や、変化を嫌う力が働いているという見解もあります※40。後述するように、「人への投資」及び「稼ぐ力の見える化」という課題も生じています。

この問題の代表例としてわかりやすいのが、パソコンです。国産のパソコンもありますが、Windowsが入っていなければ、実質的に役に立ちません。日本企業は心臓部分を押さえられていることになります。スマートフォンもしかりです。

また、ソフトへの移行問題にまさに現在直面しているのが、自動車産業です。ガソリン車からＥＶ※41に移り、ＡＩ化していく状況です。国内の自動車メーカーを見ると、トヨタは自社で対応できるでしょうが、他社が単独でＥＶやＡＩを作るには相当

※39　参照：『ジュリスト 1405 号』（有斐閣）「知的財産立国の更なる発展を目指して」（中山信弘）
※40　参照：『労働法』（水町勇一郎、有斐閣）
※41　電気自動車（Electric Vehicle）

のハードルが存在します。

解決のためには、各社協力する必要が出てきます。具体的な例としては、三菱自動車と日産自動車が自動車の基幹部品である車台を共通化し、ＨＯＮＤＡも協業に向けて動き出しています※42。

さらにこの変化によって、協力業者の事業継続が危なくなります。もちろん先見の明がある会社は対応できるでしょうが、そうではない会社も多く存在することが想像されます。世界がハードからソフトに移行していることを理解した上で、出遅れている人たちを保護する政策を作っていかなければいけない。そうした課題も存在するのです。

◆医薬品の南北問題

知的財産権に関して、大きく問題視されている分野の一つが、医薬品です。

先進国による医薬品の特許が登録された場合、後進国は相対的に高い金額でライセンス料を払わなければ、医薬品の恩恵を受けることができません。これを医薬品業界の「南北問題」と言います※43。

※42　参照：『日経ビジネス』「孤高では生き抜けないEV大競争　ホンダが選んだ『現実主義』」
※43　参照：①『知財ぷりずむ 2021年8月号』（経済産業調査会）「医薬品特許権の一時的放棄」（西口博之）②エーザイウェブサイト「グローバルヘルスのひとつ「医薬品アクセス（ATM）とは」」https://atm.eisai.co.jp/atm/ ③『パテント 2010 Vol. 63 No. 13』（日本弁理士会）「知的財産を巡る国際的な議論～ 先鋭化する南北問題」（伏見邦彦）https://

南北問題は年月を経てかなり解消されてきたといわれますが、まだまだ課題は残されています。例えば、新型コロナの流行初期ではワクチンを買えない国がありました。現実問題として、先進国では良い薬がもらえて高度な治療をしてもらえるけれど、そうではない国もあります。

この問題の解決策の一つは、並行輸入品※44の購入です。しかし、残念ながら紛《まが》い品が入ってくるリスクがあります。

別の方法として、特許の強制実施権の付与※45による対応も考えられます。インドでは企業に特許発明の商業的実施状況を定期的に報告することを求めており、実施しなければ強制実施権付与の理由になるとされています※46。インドが医薬品製造大国であることを考えると、大きなインパクトです。ただし、実施権を得たとしても結局のところ製造力のない国では製造が行えません。

「なぜ高いお金を払わなければいけないのか、人の命に値段を付けていいのか。高いライセンス料を要求するメーカーが悪いのではないか。だから私たちは別の国から輸入する」

---

dl.ndl.go.jp/view/download/digidepo_8294710_po_jpaapatent201011_055-065.pdf?contentNo=1&alternativeNo=

※44　正規代理店とは別のルートでの輸入品

※45　特許権者の意思にかかわらず強制的に実施許諾を与えること

 ※46：次ページ参照

患者の立場からすればそうなりますが、高いライセンス料を要求する企業が悪いのかといえば、そうとも言い切れません。

製薬会社は莫大なお金を使って医薬品を開発しています。その費用を回収するためには、ある程度のライセンス料を取らなければビジネスにならない。そうしなければ誰も研究開発をしなくなってしまいます。

こうした問題について、「自分は健康だから関係ない。薬品業界ではないから考える必要はない」と言うのは簡単です。しかし、どんな分野でも、知的財産権とCSRというのは極めて大事な関係にあると言えます。どのような法制度や権利関係があるかを知らなければ、CSRを考えることはできません。

column

医療格差を題材にした映画

実際の事件を題材にした中国映画に『薬の神じゃない！』という作品があります。中国で正規のライセンス料で輸入された白血病の治療薬は、低所得層には買えない値段です。ある人物がインドから安い薬を輸入していたけれど、その薬は中国では認められていないもので、逮捕されました。そうした事件がモ

※46　参照：新興国等知財情報データバンクウェブサイト「インドにおける特許発明の国内実施報告制度とその実務」（バパット・ヴィニット）
https://www.globalipdb.inpit.go.jp/laws/22816/

チーフといわれています。

また、米国にも『ダラス・バイヤーズクラブ』という映画があります。エイズが流行したときに、薬が高額だったため南米から安く輸入した人が法的闘争に巻き込まれた事件が元になっているといわれています。

この問題を考える素材として興味のある方はご視聴ください。

図表 4　知的財産権を巡る課題

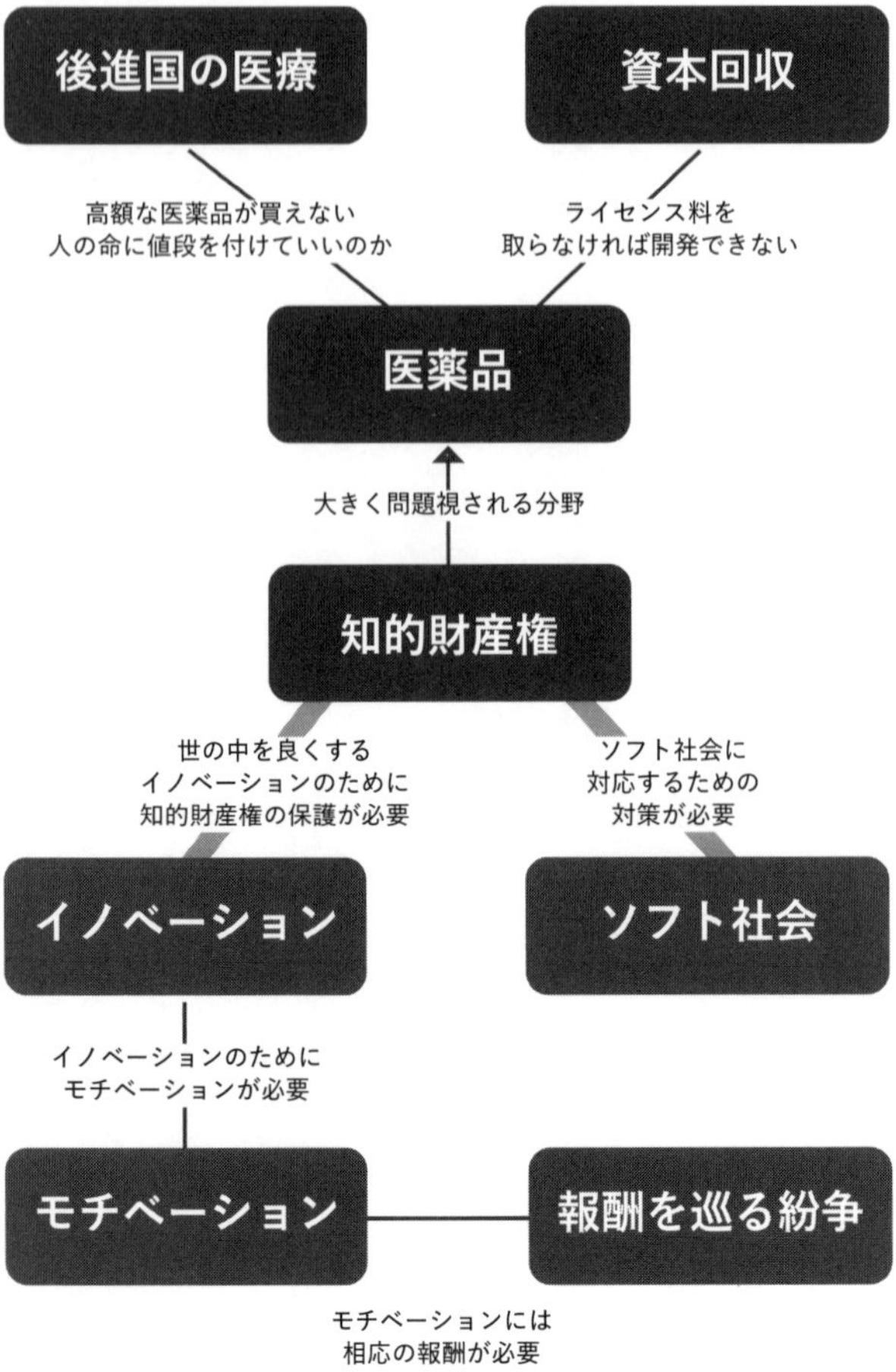
後進国の医療
資本回収
高額な医薬品が買えない
人の命に値段を付けていいのか
ライセンス料を
取らなければ開発できない
医薬品
大きく問題視される分野
知的財産権
世の中を良くする
イノベーションのために
知的財産権の保護が必要
ソフト社会に
対応するための
対策が必要
イノベーション
ソフト社会
イノベーションのために
モチベーションが必要
モチベーション
報酬を巡る紛争
モチベーションには
相応の報酬が必要

03

「アライアンス」と「カルテル」

前述の通り、イノベーションのためには複数の企業が力を合わせなければいけません。ところが、力の結集がカルテル※47だと捉えられれば、独禁法違反になってしまいます。社会を良くするためにやろうとしていることが、違法になってしまうという悲劇が生じかねません。

◆オランダ・ドイツの判例

２０１３年、オランダで締結されたエネルギー協定に基づき、五つの石炭発電所を閉鎖する計画について、複数の事業者が合意しました。これによりエネルギー生産能力が減少して価格が引き上げられるため、競争当局がカルテル禁止と両立しない（抵触する）と判断した事案があります。二酸化炭素の削減等環境上の利益と価格上昇という不利益を比べたとき、後者のほうが大きくなるという判断です。

※47　市場独占を目的として企業が行う、価格・生産計画・販売地域等の協定

ただし、オランダ競争当局は、事実関係が違っていれば結果は違ったものになっていた可能性があることも認めています。環境上の利益のほうが高ければカルテルと判断されていなかったかもしれないということです。この事案を受けて、サステナビリティ合意に関するガイドライン草案が発表されるに至りました※48。

ドイツでは2019年、風力発電等に使われるすべり軸受の部品を生産する合弁事業を、競争当局が禁止した事案があります。

このケースでは、交渉の末に、騒音低減や燃料消費量の削減等の環境・気候保護効果が競争上の不利益を上回るとして、環境保護の観点を踏まえた条件付きで大臣承認されました。

「風力タービン用すべり軸受の効率向上や騒音低減等、両社が決定的な技術的進歩を遂げるのは、共同研究を通じた場合に限られる。更に、合弁会社のすべり軸受は、他の大規模な再生可能エネルギー発電所や大型船舶用エンジンの燃料消費量を削減することができる。したがって、この取引は、持続可能な環境政策の推進に重要な貢献をすることになる」との判断が下されています※49。

※48　参照：三菱総合研究所「令和２年度産業経済研究委託事業（経済産業政策・第四次産業革命関係調査事業費）（近年の競争環境・競争政策等の動向に関する調査）報告書」10頁
https://www.meti.go.jp/meti_lib/report/2020FY/000056.pdf

※49　参照：同上26頁

◆いまだ解決を見ない課題

独禁法を重視する立場からすれば、ＣＳＲといってもビジネスの競争に勝つための取り組みであり、アライアンスを組めば独禁法が規制しているカルテルになるという考え方に繋がりやすいと言えます。確かに「環境のためだ」と言って何でもできてしまうのであれば、それも問題です。

対して、そもそも独禁法は消費者や社会を守るためのものであり、「社会善を実現しようとする活動が独禁法に違反するのはおかしい、アライアンスを組むことについては許容するべき

図表５　CSRを目的としたアライアンスはカルテルになるのか

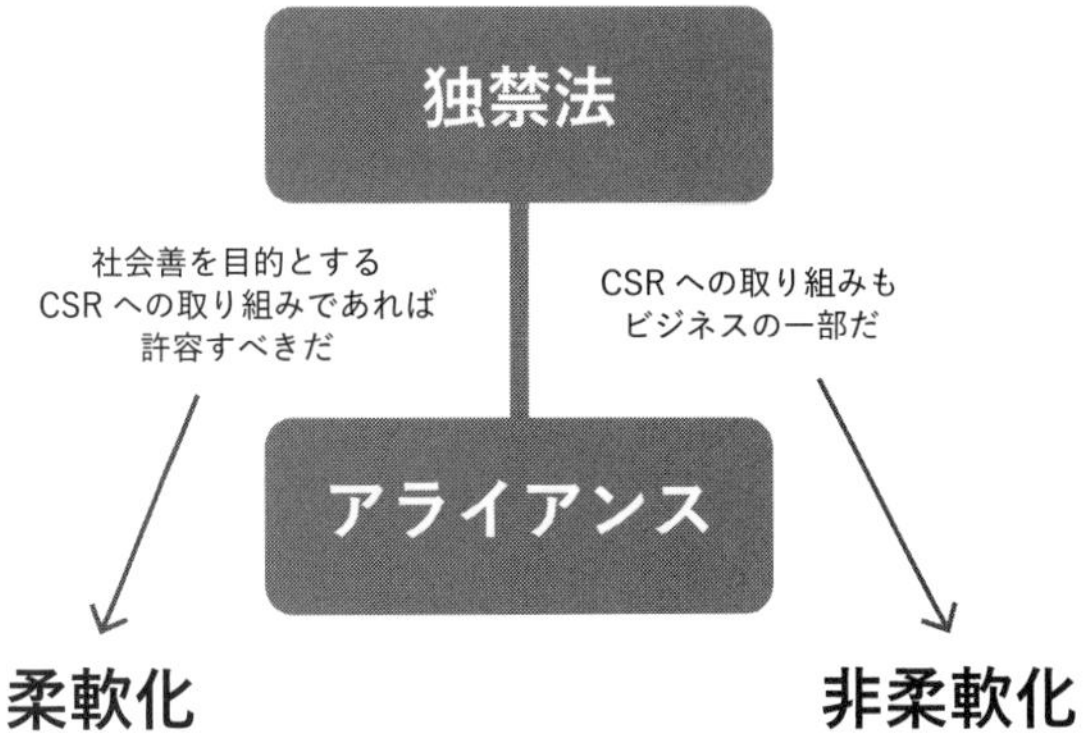

だ」という考え方があります。

まだ解決を見ていないこの分野に対し、日本では経済産業省が、「グリーン社会の実現に向けた競争政策について（事務局提出資料）」を発表しています。そこには、「我が国として、炭素中立型社会の実現に向けた取組を後押しする上での競争政策上の論点について、広く知見を集めて整理を行い、それを共有する」と記載されています。合わせてグリーン社会の実現に向けた競争政策研究会を開催し、有識者の意見を聴く等して議論を行っています。

04

企業に求められる情報開示

ＥＳＧ投資の重要性が叫ばれる中、投資家からすれば、投資対象企業がＥＳＧにどう取り組んでいるかは非常に重要な判断要素になります。そうした背景から、ＣＳＲの対応状況や知財情報等、非財務情報の開示が求められるようになりました※50。

◆財務・非財務情報の開示

企業の情報開示について考えるためにまず理解すべきなのが、投資の鉄則であるリスク分散です。「一つのバスケットに複数の卵を入れていれば、誤って落としたときに全て割れてしまう。一つの企業だけに投資するのではなく、分散して投資を行うべきだ」という考えです。

ただこの考えは、単純に複数の会社に投資すればいいということではありません。

※50　参照：近時の動きを総括したものの参考として：『金融・商事判例 1649 号』（経済法令研究会）「人的資本／無形資産改革元年」（武井一浩）

例えばA社・B社・C社にそれぞれ投資したとしても、3社が同じ種類のリスクを抱えていれば危険性は軽減されないわけです。

新型コロナ禍では、飲食業界やホテル業界、旅行業界がダメージを受けました。これらの業種が抱えるリスクは、人流が途絶えたときに売上が下がるという点では同じです。飲食、ホテル、旅行に分けて投資していたとしても、この意味ではリスク分散になっていません。

CSRの観点でも同様です。投資家は、ある業界において人権侵害や環境汚染が類型的に発生しやすいかどう

図表6　同じリスクを抱えていればリスク分散にならない

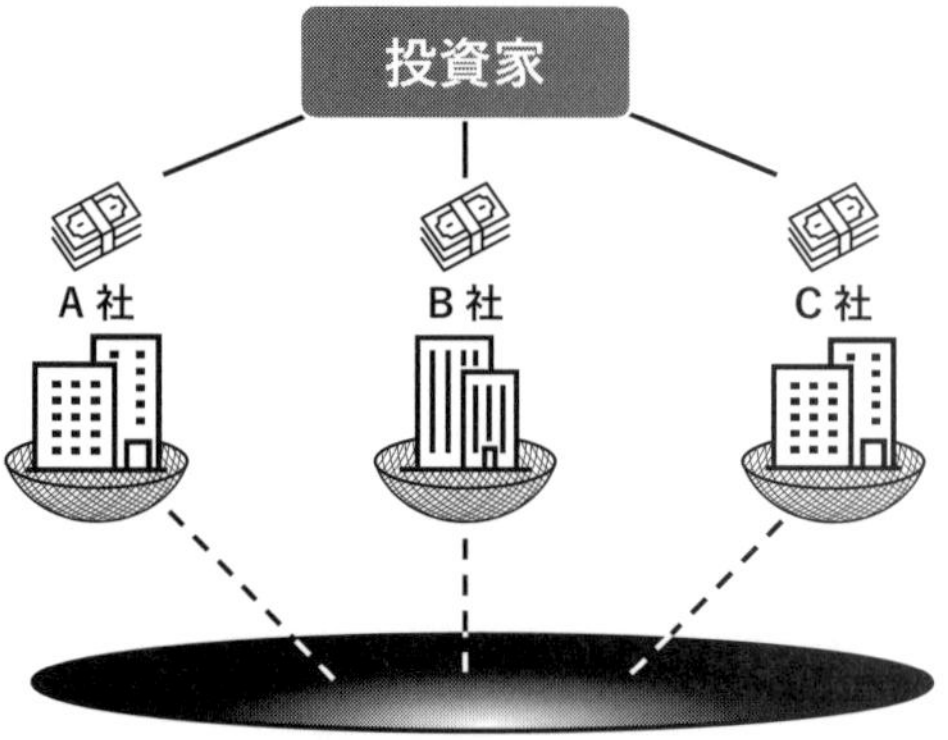

投資先を分けても同じリスクを抱える会社であればリスク分散にならない

か、産業別のリスクも加味して投資を検討しています。しかし、企業がどういった課題に取り組んでいるかを開示してくれなければ、安心して投資ができません。こうした背景から、企業には財務情報、非財務情報の開示が求められていると言えます。加えて日本では、「持続可能性」や「人への投資」という考え方が注目されています。

このような議論を踏まえ、２０２２年６月、金融庁に設置された金融審議会「ディスクロージャーワーキング・グループ（令和３年度）」において、議論の結果を取りまとめた報告書が公表されました[※51]。この報告書では、有価証券報告書について、次のような事項が推奨されています。

①サステナビリティ情報の「記載欄」の新設
②記載欄において、「人材育成方針」「社内環境整備方針」を開示
③記載欄において、「男女間賃金格差」「女性管理職比率」「男性育児休業取得率」を開示

早ければ、２０２３年３月期の有価証券報告書から一部適用が開始されます。

※51　同報告書の具体的影響に関しての参考として：『金融法務事情 2022年7/10号』（きんざい）「「人への投資」と内部統制の見直し」（行方洋一）

◆知財情報の開示

良い社会を作るためにはイノベーションが必要です。そして前述の通り、イノベーションのためには知的財産に対するR&Dへの投資が大事です。ただし、外から見ているだけでは、会社が本当にR&Dをしているかどうかわかりません。そうである以上、R&Dに関する情報開示が必要です。

自動車業界を例に取ると、温暖化の影響で石油自動車に対する圧力が強くなっています。もし自動車メーカーが「当社はEVを作らずに石油自動車でやっていきます」と言えば、当然投資が減る可能性があります。石油自動車のリスクに対して投資家が反応している以上、石油自動車だけではないと示さなければなりません。

こうした背景に加え、米国市場では時価総額に占める無形資産の割合が高いこともあり、日本政府も近時、知財情報の開示を企業に求めています※52。非常に簡単に言えば「稼ぐ力の見える化」を図ろうというものであり、ここでいう「稼ぐ力」とは「狭い意味での知財」に限らず、無形資産全体の有効活用を狙うものだと考えられます。

※52　参照：首相官邸ウェブサイト「知財・無形資産の投資・活用戦略の開示及びガバナンスに関するガイドライン（略称：知財・無形資産ガバナンスガイドライン）Ver1.0の策定」
https://www.kantei.go.jp/jp/singi/titeki2/tyousakai/tousi_kentokai/governance_guideline_v1.html

日本は伝統的な会計原則に縛られる傾向がありますが、しっかり対応しなければダイベストメントされる危険もあります。ＣＳＲ課題やリスクを開示することは極めて大事なのです。

図表７　企業に求められる情報開示

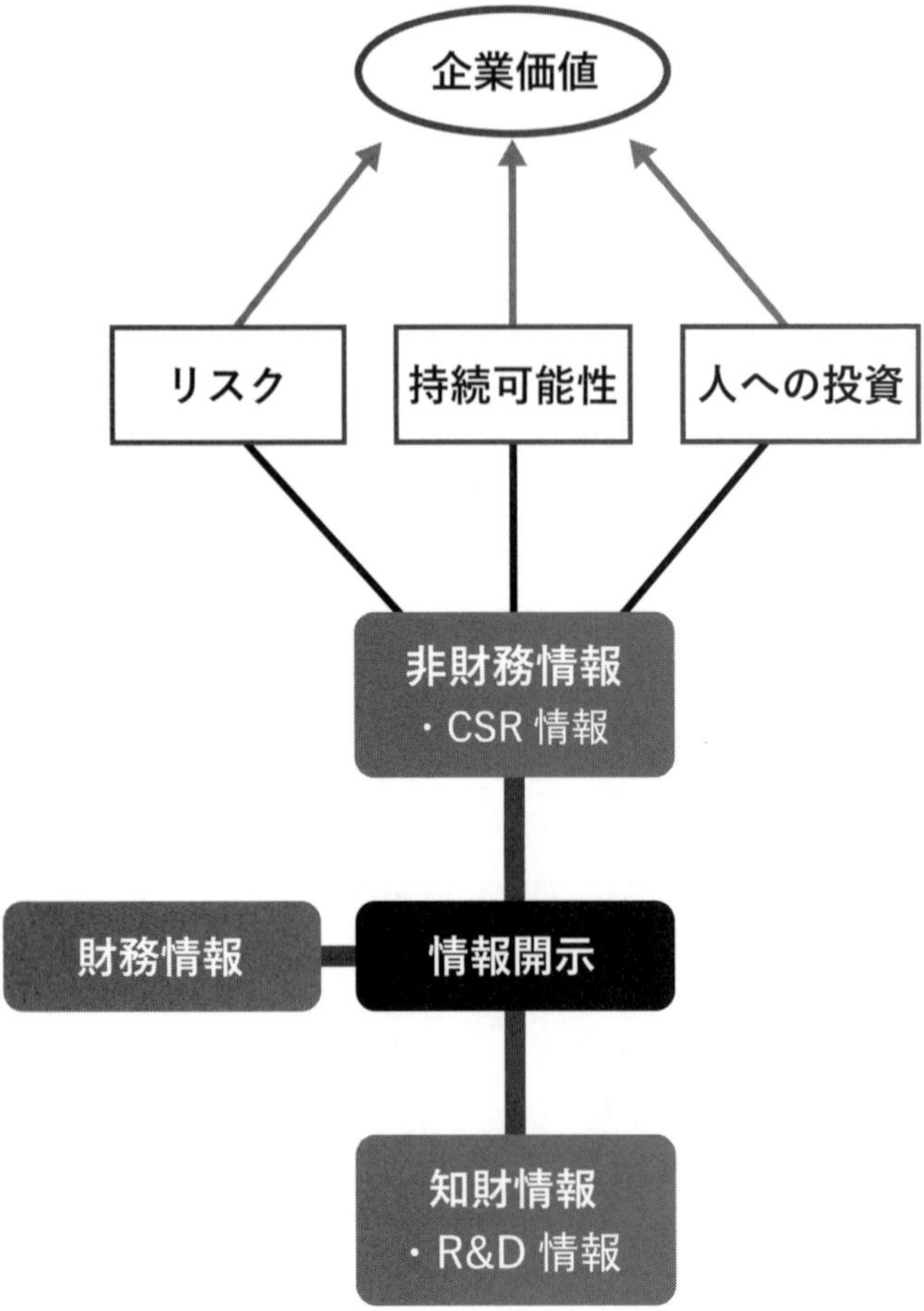

05

複雑さを増すリスク管理・危機管理

　ここまでにも見てきたように、ＣＳＲ課題にはリアルなリスクが関わってきます。企業としては、当然リスク管理、危機管理が大事です。しかしながら、特にグローバルな環境によって、その対応がより複雑になってきています。

◆米国法が日本企業に適用される可能性も

　日本の企業が公的な案件を取るために、日本の公務員にお金を払うことは刑法によって処罰の対象になります（「贈収・贈賄罪」刑法１９７条以下）。また、不正競争防止法の改正によって、海外での賄賂も対象になりました。不正競争防止法18条１項では下記のように書かれています。

「何人も、外国公務員等に対し、国際的な商取引に関して営業上の不正の利益を得るために、その外国公務員等に、その職務に関する行為をさせ若しくはさせないこと、又はその地位を利用して他の外国公務員等にその職務に関する行為をさせ若しくはさせないようにあっせんをさせることを目的として、金銭その他の利益を供与し、又はその申込み若しくは約束をしてはならない」

例えば日本企業がベトナムでベトナムの公務員にお金を払う場合、ベトナム法でも違法となりますが、日本法上の違反にもなります。

実際に、ＯＤＡ[※53]でも海外での賄賂が問題になっている事案があります。ＯＤＡには社会にとって良いことをするものだというイメージがありますが、現地で「この国でビジネスをするんだったら金を払え」と言われることはよくあるケースです。昔は払うこともあったそうですが、現在は現地法で、また日本の不正競争防止法でも禁止されていることへの留意が必要です。

さらに、海外での賄賂が米国のＦＣＰＡ[※54]という法律でも規制される場合があります。米国人が現地の公務員に払う、あるいは日本人が米国の公務員に払うということではなく、「米国の企業がビジネスを展開している国」の公務員に日本企業が賄賂

※53　政府開発援助（Official Development Assistance）。発展途上国の経済発展や福祉の向上のために先進工業国の政府及び政府機関が発展途上国に対して行う援助や出資のこと
※54　海外腐敗行為防止法（Foreign Corrupt Practices Act）

を払って、それによって米国の企業が競争上阻害されたときに適用されるというものです。「米国の企業が贈収賄の禁止を守っているのに、外国企業が贈収賄によって米国企業の進出を脅かすのはおかしい。そうした企業も摘発すべきだ」という考え方です。

原則として、法律はその国の中でしか適用されません。この例のように、法律が自国以外の地域で適用されることを「域外適用」といいます。

このように、海外での賄賂は現地の賄賂規制法、日本の不正競争防止法、場合によっては米国のＦＣＰＡも適用される可能性があります。実際に複数

図表８　海外での賄賂に三つの法律が適用されることがある

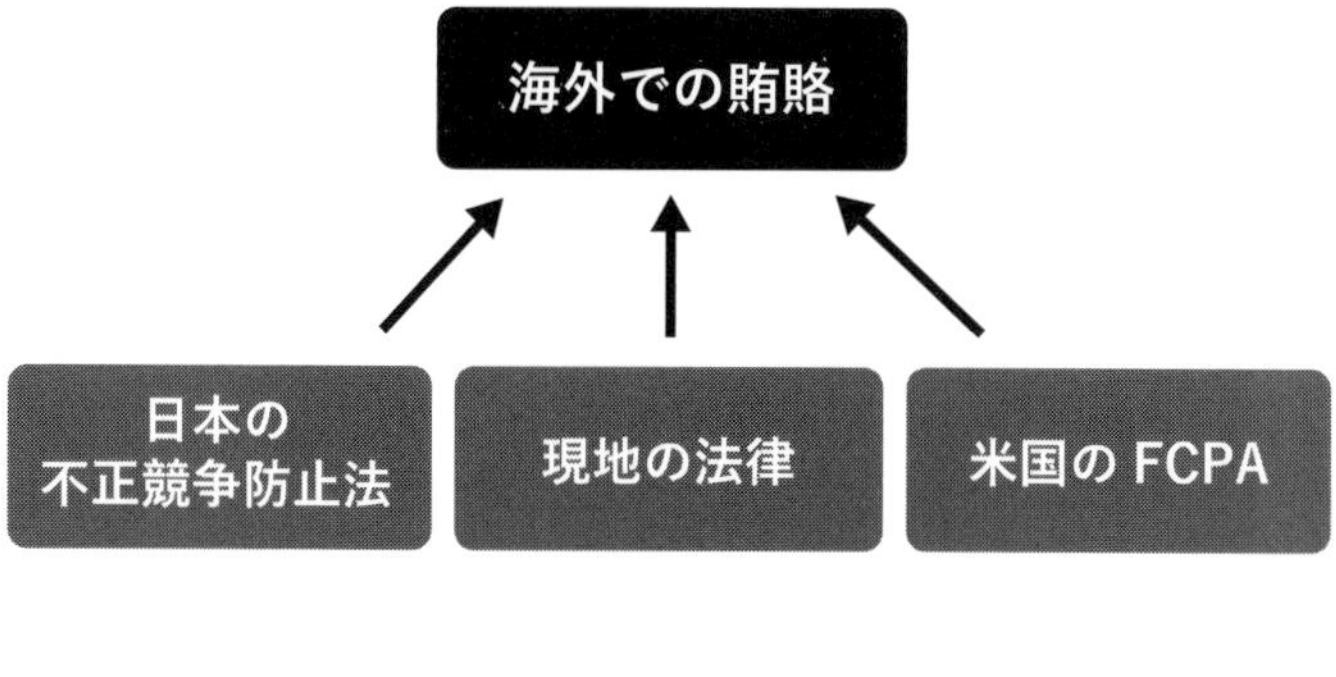

の摘発事例があるのですが、いまだに昔の慣習を続ける人もいて、長く続く根深い問題になっています。

◆グローバル社会の中で取るべき立ち位置は

米国がウイグルの人権侵害を理由に中国を規制し、それに中国が反発する場合、企業が重視すべきは米国との関係でしょうか、中国との関係でしょうか。

こういった悩ましいバランスを要求される問題が起きていきます。対応を間違えれば、米国と中国の両方から非難されかねません。

なお、報道によると「自国が最も民主主義的な国である」と考えている人の割合が多いのは中国です※55。背景には米国のBLM問題に対する悪印象があり、「米国よりは自国が民主主義的だ」と考える人の割合を増やしています。人権侵害の歴史が民主主義の正当性にも影響を与えていると言えます。

バランスが難しいのは、ウクライナ紛争でも同様です。ロシアがウクライナに侵攻していることへの批判として、各国はロシアの高官の財産差し押さえや、ロシアから

※55　参照：modern diplomacy「NATO-Affiliated Poll in 53 Countries Finds Chinese the Most Think Their Country Is a Democracy」
https://moderndiplomacy.eu/2022/08/23/nato-affiliated-poll-in-53-countries-finds-chinese-the-most-think-their-country-is-a-democracy/

の事業撤退、ロシアへの送金規制、ロシア産ガスの不買等をしています。

しかしそうなるとグリーンエネルギーをどのように調達するのか、という問題が生まれます。

一つは原子力発電所を復活させようという議論になります。

もう一つは太陽光発電の拡大です。しかし第5章でもお話ししますが、太陽光以外のグリーンエネルギーの調達にはさまざまな課題が存在します。

しかも、太陽光発電の重要な部品を作っているのは主に中国企業です。するとウクライナの人権を守るために「ロシアからガスを買うのをやめよう」と言っているのに、国内に人権問題を抱えている中国にエネルギー主権の一部を委ねることになります。当然「それでいいのか」という疑問も存在します。


これらの例のように、世界がグローバル化したということは、企業や国家はその分たくさんのリスクを抱えることにもなります。そのリスクも考慮していかなければ、今後のビジネスは難しくなります。

column

マグニツキー法

ウクライナ紛争を巡る各国のロシアへの制裁について、マグニツキー法への理解も重要です。２０１２年に制定された米国の法律で、各国が参考にしています。

簡単に言えば、人権侵害を防止するには武力攻撃よりも侵害国の権力者個人の財産等を押さえたほうが効果的であるという考えに基づいた立法です。だからこそ、ウクライナ紛争でロシアの高官の財産や出入国が制限されることになっています。

06

労働者とCSR

ＣＳＲの大きな課題の一つが、労働者についてです。ビジネスは労働者がいないと始まりませんし、労働賃金はコストでもあります。ＣＳＲという観点で見たとき、企業は労働者に対してどのように向き合えばいいのでしょうか。

◆なぜ「働き方改革」が進んでいるのか

ビジネスを円滑に進めるためには、労働者を保護することが重要です。その一環として、近年「働き方改革」が進んでいます。これは単純に「労働者のため」ということとは違う理由があります。

第一に、日本では少子高齢化が進み、人手不足が深刻化しています。２０２２年段階の19歳以下の人口は16％、65歳以上の人口は29％。２０６５年には、それぞれ14％、

38％になると想定されています※56。

第二に、時間外労働や過労死の問題があります。

第三に、日本の労働者の生産性が低いことも指摘されています。２０２０年の日本の時間当たり労働生産性は、ＯＥＣＤ加盟38カ国中23位です※57。

第四に、正規・非正規の待遇差問題の存在です。日本の非正規従業員は就労人口の4割になっています。

このように、労働問題は政府にとってきちんとした対策を取らなければならない政治問題になっています。だからこそ、近時の政権において働き方改革が促進されたとも言えます。

◆同一労働同一賃金の実状

いままで、正社員と非正規社員では賃金に格差がありました。これに対し「同じ仕事をしているのに、なぜ賃金が違うのか」という議論が起き、結論として労働契約法20条で同一労働同一賃金が決まりました（現在はパートタイム労働法8条にて規定）。

※56　参照：財務省ウェブサイト「これからの日本のために財政を考える」
https://www.mof.go.jp/zaisei/reference/index.html
※57　日本生産性本部「労働生産性の国際比較 2021」による

米国や欧州では昔から取り入れられていたものが、ようやく日本でも導入された形になります。これまでにいくつかの最高裁判例も下されています。

では、同一労働同一賃金になったから一件落着かといえば、そう単純なものでもありません。国から「非正規の給与を上げなさい」と指摘されて、「そうなんだ。じゃあ上げるか」と言える企業だけではありません。

企業は、当然違う方法を探します。考えられるのは少なくとも三つです※58。

一つ目は、正規の従業員の給与を見直すという方法。

二つ目は、海外の拠点で大量に労働者を雇うという方法。

そして三つ目が、正規と非正規の働き方を完全に区分することです。正規と非正規が同じ仕事をしているから、同じ賃金を払わなければいけない。そうであるならば、違う働き方で採用した場合には給与にも違いが出ても問題ないという考え方です。

わかりやすいのは飲食店チェーンです。例えば「ファミリーレストランの店長を正規社員として雇う。店長は長時間働いて、仕入れから労務管理まで行う。ほかの従業員は全て非正規で、料理や接客をする」という形態を採用する。この場合、役割が違

※58　参照:『ジュリスト2021年３月号』（有斐閣）「［座談会］不合理格差是正と人事管理の課題」（荒木尚志（司会）／大篠裕史／長澤護／守島基博）

うのだから賃金が違うことも当然とも言えます。
確かに法的には間違っていませんが、これで問題解決なのでしょうか。今後、われわれはどのような働き方がされる社会を目指していくのかを考える必要がありそうです。

column

ソフトを生み出す人材にフォーカスを

今後のビジネスと労働の関係を考える上では、経済産業省の「人材版伊藤レポート」の示唆が参考になるかと思われます※59。

同レポートにおいては、次のことが示唆されています。

①企業の競争力の源泉は人材であり、人材の「材」は「財」である
②企業や個人を取り巻く変革のスピードが増す中で重要なのは、経営戦略と人材戦略の連動であり、当該連動が持続的な企業価値の向上に影響する
③新型コロナウイルス感染症の経験を踏まえると、変化が激しい時代には、企業も個人も、変化に柔軟に対応し、ショックへの強靱性（レジリエンス）を高めることが必要である

※59　参照：経済産業省ウェブサイト「「人材版伊藤レポート2.0」を取りまとめました」
https://www.meti.go.jp/press/2022/05/20220513001/20220513001.html

ハード社会からソフト社会に移行するにつれ、ソフトを生み出す人材に企業はフォーカスすることが必要となります。ＶＵＣＡ※60と呼ばれるように経済が不安定の状況下では、固定化した戦略・雇用が困難です。企業としては「従業員の再教育」を進めることで、レジリエンスを確保することを狙っていくべきなのでしょうか。

◆リモートワークの本質と課題

「働き方改革」と聞いて多くの人がイメージするのが、リモートワークでしょう。新型コロナ禍には、リモートワークによって働き方が大きく変わりました。

新型コロナ禍が収束したとき、働き方は元に戻るという考え方と戻らないという考え方があります。

リモートワークは、そもそも感染症に対応するためのものではありません。子育てをしている人、働きに出づらい高齢者や障がい者等、オフィス勤務が困難な人たちに

※60　「Volatility（変動性）・Uncertainty（不確実性）・Complexity（複雑性）・Ambiguity（曖昧性）」の略語。元々は軍事用語だといわれる

働く機会を提供し、労働力を確保するためのものです。

その意味で本来、リモートワークは今後も続けていくべきものです。少子高齢化で労働力が少なくなっていく中で、リモートワークもできないとなると、働き手は大きく減少してしまいます。


他方で問題になってくるのが、リモートワークにおけるマネジメントです。リモートワークをしている人がちゃんと働けばいいのですが、残念ながら、そんな人ばかりではありません（この問題はオフィス勤務にも存在します）。それを企業としてどのようにマネジメントするのか、という問題です。

欧米の企業では、一定時間パソコンで作業していなければカメラ等で監視するような例もあります。これに対抗してある夫婦がリモートワークで働いているときに、片方が外出中に会社にバレてしまわないように、もう片方が数分おきにパソコンを動かしていた、という笑い話もあります。

こうした状況が進んでいくと、今度は労働者の目の動きや体温、血流で、活動状況を判断するといったことになってきます。それが行き過ぎれば、非人間的な管理社会として、人権侵害問題も起きてくるでしょう※61。結局いたちごっことも言えるわけ

※61　参照：『デジタル変革後の「労働」と「法」』（大内伸哉、日本法令）

ですが、どこでバランスを取るのかという悩ましい問題でもあります。

◆労働者とフリーランスの線引き

昨今、フリーランスで働く人が増えています。この背景には、会社と働く人、両方のメリットがあります。会社は「労働基準法の枠に縛られたくない」、働く人は「管理されたくない」といった、お互いの必要性からフリーランスが多くなっていると言えます。

そのこと自体に問題はないのですが、フリーランスという名目のもと、長時間労働を強いることがあるといわれます。

少し古い資料ですが、厚生労働省の研究会では、労働者であるかどうかは契約ではなく実質だという判断基準を示しています※62。指示の諾否の余地、時間的拘束性や場所的拘束性、あるいは具体的指示や代替性の有無等を総合的に考慮して労働者かどうかを決するのであって、契約書の文言上委託契約であっても、それだけで判断されるものではないというものです。

※62　参照：労働基準法研究会報告（労働基準法の「労働者」の判断基準について）
https://www.mhlw.go.jp/stf/shingi/2r9852000000xgbw-att/2r9852000000xgi8.pdf

例えばフードデリバリーは、プラットフォームと不可分なビジネスです。「配達する人は労働者と捉えるべきだ」という意見がありますが、フードデリバリーを使っている人からすれば、「便利なシステムを邪魔するな」という話になります。

これは世界的な問題になっています。例えば、イギリスの最高裁では配車サービスのウーバーについて、「乗客を乗せている間だけでなく、労働者がプラットフォームのアプリにログインしている間は勤務中とみなされるべき」だと結論付けました。その理由としては次の通りです[※63]。

①プラットフォーム側が運賃を設定している
②プラットフォーム側が契約条件を設定している
③乗車リクエストがプラットフォーム側に制約されている
④プラットフォーム側は5つ星評価を通して労働者のサービスを監視し、契約を終了する権限を持っている

また、米国の判例上ではABCテストというものがあります[※64]。概要としては、

※63　参照：BBC NEWS JAPAN ウェブサイト「英最高裁、ウーバー運転手は「従業員」 最低賃金や有給休暇などの権利認める」
https://www.bbc.com/japanese/56094079
※64　参照：『労働法律旬報 No,2004 2022年3月下旬号』（旬報社）「アメリカ法におけるプラットフォームワーカーの被用者性の素描」（藤木貴史）

次の三つの条件を立証できない限り労働者だと判断されるというものです。

Ａ：その人は、仕事の遂行に関する契約の下でも、実際にも、仕事の遂行に関連して、請負主体の管理と指示から自由であること

Ｂ：請負元の事業の通常の過程から外れた仕事をしていること

Ｃ：その人は、実行された仕事に関係するものと同じ性質の、独立して確立されたビジネスに慣習的に従事していること

他方、２０１８年に某プラットフォームに対してカリフォルニア州の

図表９　日本の「働き方」が抱える課題

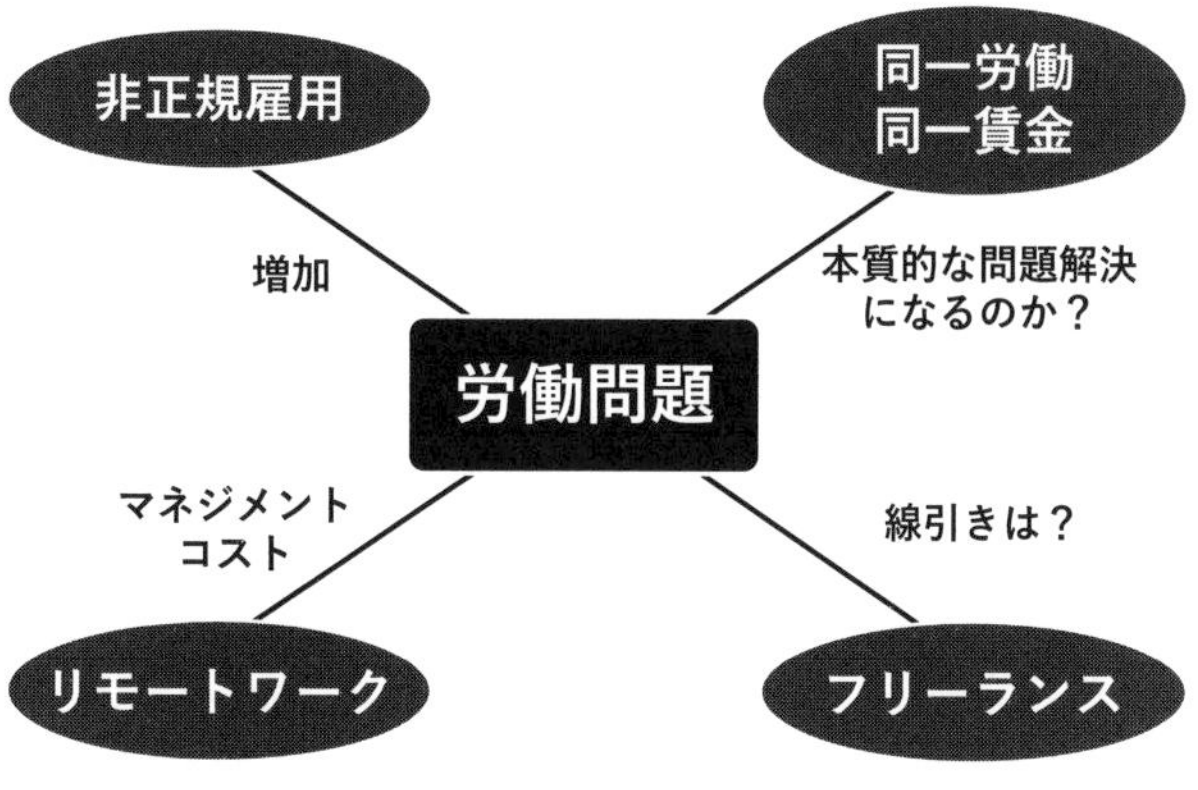

最高裁でこのテストが採用されたケースでは、「このサービスが使えなくなると不便だ」ということで、2020年に「特定の業種にはABCテストを用いないようにすべきだ」という住民投票がなされました。民主主義の根本から考えれば住民の総意が優先されるべきですが、これもどちらが正しいとは判断しづらい問題になっています。

日本では、2022年9月に、「フリーランスに係る取引適正化のための法制度の方向性」に関する意見募集がなされました。こちらも議論の進展に注目する必要があるでしょう。

第3章

企業活動により侵害される人権

01

CSRで扱われる人権問題とは

本章では、CSR課題の大きな分野の一つである、人権問題について考えます。ただ、ひと口に「人権」と言っても、CSR上で扱われる人権問題は多岐にわたります。まずは、「人権」とは何か、どんなことが問題になっているのかを考えましょう。

◆日本の人権教育と国際的な人権課題

多くの方は学校教育を通して「人権」に触れたのではないでしょうか。日本の人権教育で取り上げられている課題としては、以下のようなものがあります（図表10）。これらがいずれも非常に重要な問題であることは言うまでもありませんが、この全てが企業活動と関係するかといえば、必ずしもそうでない場合もあるでしょう。

これに対して、国際的なスタンダードに即した主要な人権課題としては図表11のよ

図表 10　日本の人権教育で取り上げられている課題

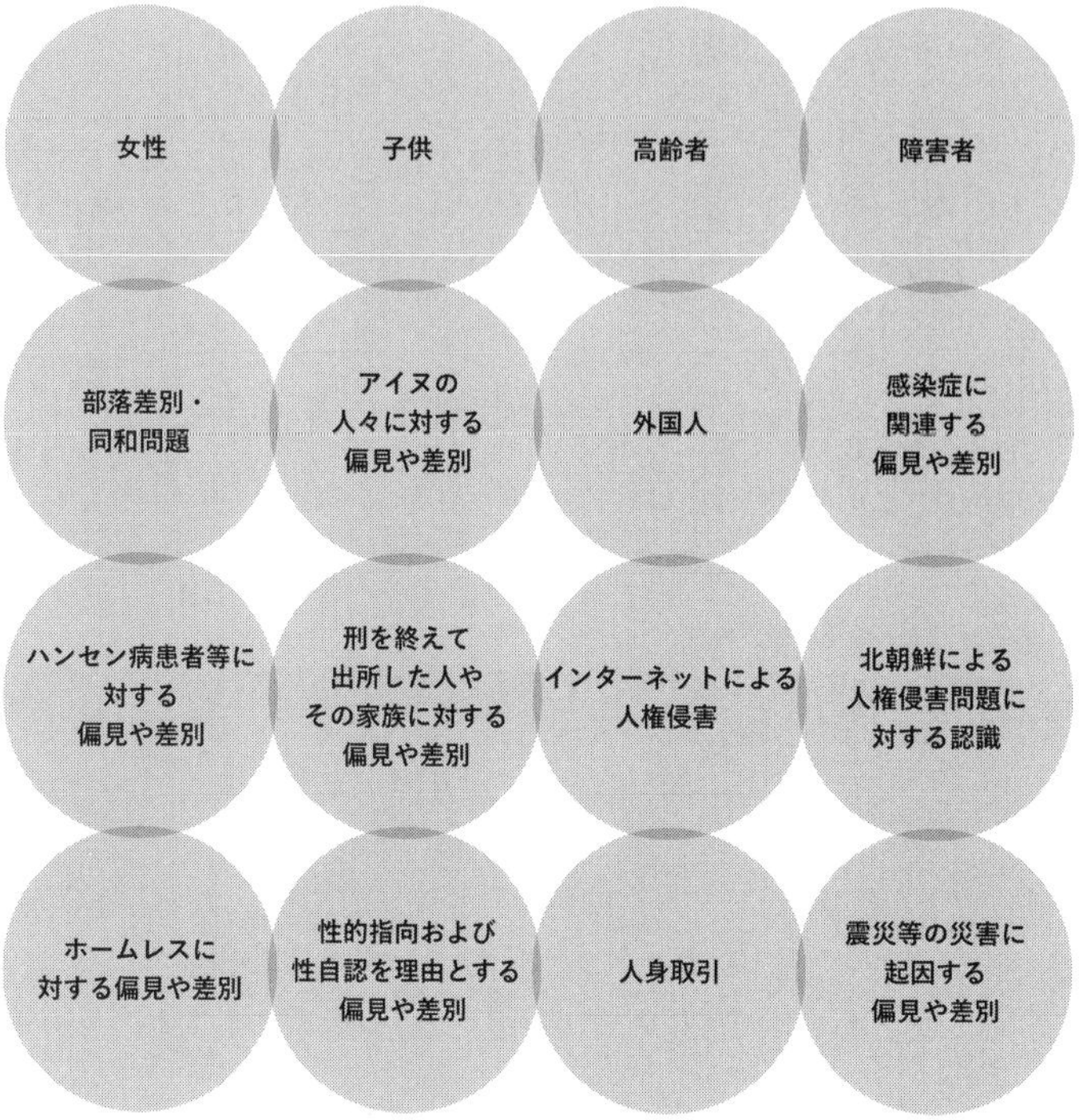

※文部科学省、学校教育における人権教育調査研究協力者会議「人権教育の指導方法等の在り方について［第三次とりまとめ］補足資料（令和４年３月）」を基に作成

うなものが挙げられています。

後者についても、必ずしもその全てが企業活動と関係があるとは限りません、また、前者と重なるものも少なからずあります。ここではまず、国際的に問題とされている人権課題にどのようなものがあるか、また、その範囲の広さに着目していただければと思います。

いわゆる「ビジネスと人権」で扱われる人権課題も、基本的には後者がベースになります。CSR上の人権課題については、国際スタンダードに沿って理解しておくほうが実務上は便宜だと言えます。

図表11　国際的な人権課題

シビックスペースと人権擁護活動家	気候変動と環境	開発の権利	先住民族	レイシズム、ゼノフォビア、不寛容	奴隷及び人身取引
民主主義、参政権及び選挙プロセス	強制措置（制裁等）	人権を通じたサステナブルな発展	LGBTI	ジェンダー平等と女性の権利	テロリズムと暴力的過激主義
デジタルスペースと人権	教育及び文化的権利	水と衛生	移住（移民）	司法の運営と法の執行（法の支配）	拷問
集会と結社の自由	健康	アルビニズム	マイノリティ	死刑	紛争の予防、早期の警告及び治安
表現と意見表明の自由	土地及び住居	子どもと若者	高齢者	拘禁	人道危機と紛争状態
ビジネスと人権	貧困、食糧及び社会的保護への権利	信教の自由	障がい者	失踪及び殺害	移行期の公正と紛争後の平和維持

※OHCHR（国連人権高等弁務官事務所）ウェブサイト「TOPICS」を基に作成

◆事業活動上、常に人権侵害は起こり得る

ＣＳＲ上で人権問題を考える上では、「事業活動上、常に人権侵害は起こり得る」という考え方がベースにあります。常に起こり得る以上は、事業活動を行う企業の責任として、人権侵害が生じないようにしなければなりません。

ここで、「人権を保護するのは国の責務であって、民間企業は関係がないのでは」と思われるかもしれません。確かに、伝統的に人権は国家と個人との間において、個人の各種権利が守られるべきという成り立ちを経ています。また、日本の憲法もそのような構造を採用しています。

しかし、企業活動がグローバル化するに伴い、主に発展途上国を中心に国家による人権保障が十分ではないことが明らかになってきました。この背景には、人権保護のための法律等の整備が不十分なことや、規制は存在していても汚職の横行や官僚のキャパシティの不十分さ等により、適切な執行ができない等の理由によって、結果的に国家の人権保護義務が果たされていないことがあります。このような状況を指して、

「ガバナンス・ギャップ」といいます。

ガバナンス・ギャップが生じていれば、その国で事業活動を行っている企業が、その国の法律を守っているだけでは、十分に人権が尊重されているとは言えません。そこで、法律等の規制を超えて、国際的に期待される水準で企業自身が人権尊重をする責任があるという発想が生まれます。これは、国の人権保護義務を無視するものではなく、両者併せて人権の保護・尊重をすべきという考え方です。

もう一つの重要な考え方として、企業は自身の活動だけではなく、事業活動の関係者による人権侵害についても、一定の範囲で責任を負うというものがあります。

これは、企業のサプライチェーンが国際化、複雑化するに伴い生まれた考え方です。ある企業が直接人権侵害を行っていないとしても、供給元等、サプライチェーン上で実質的な人権侵害が行われている、または、これに加担している場合には責任を負うべきだというものです。

例えば、衣料品のブランド企業が途上国の工場に製造を外注し、そこで劣悪な労働環境が強いられていたという事案があります。この企業は、「我が社は製品を購入しているだけであり、我が社に問題はない」という趣旨の回答を行い、不買運動を含む大きな問題となりました。確かに法的には間違っていないのかもしれませんが、社会からは企業の社会的責任を果たしていないと見なされたのです。

02

人権デュー・ディリジェンス

企業の事業活動、それも自社のみではなく取引先等における活動も含めて、人権侵害が生じるリスクが常に存在する。企業にはそれに対する責任があり、適切に対処しなければいけません。そのために必要な取り組みは、どんなものでしょうか。

◆人権尊重のための適切な注意

人権侵害に対する企業の取り組みとして、「人権デュー・ディリジェンス」（人権DD）と呼ばれる枠組みがあります。

デュー・ディリジェンスという言葉には、「due（相応の・適切な・十分な）」「diligence（当然払うべき注意）」といった意味があります。企業が人権尊重責任を果たすための「適切な注意」という表現が、実態に近いニュアンスかもしれません。

デュー・ディリジェンスという用語は、企業買収の場面で買収の対象企業を財務面や法務面から調査するという意味合いで使われることがあります。その点で限定された単発的な意味で理解されることが多いのですが、同じ用語を使っていても内容が違うことに留意が必要です。なお、人権ＤＤは企業買収の場面においても重要になります。

人原侵害が起こり得るリスクを適切に把握し、自社や取引先がそれに関連していると評価される場合には、しっかりと対処することが求められます。その上で、対処が人権侵害を適切に是正するものになっているか等のフォローアップを行い、必要に応じてステークホルダーに開示をする、といっ

図表 12　人権 DD の枠組み

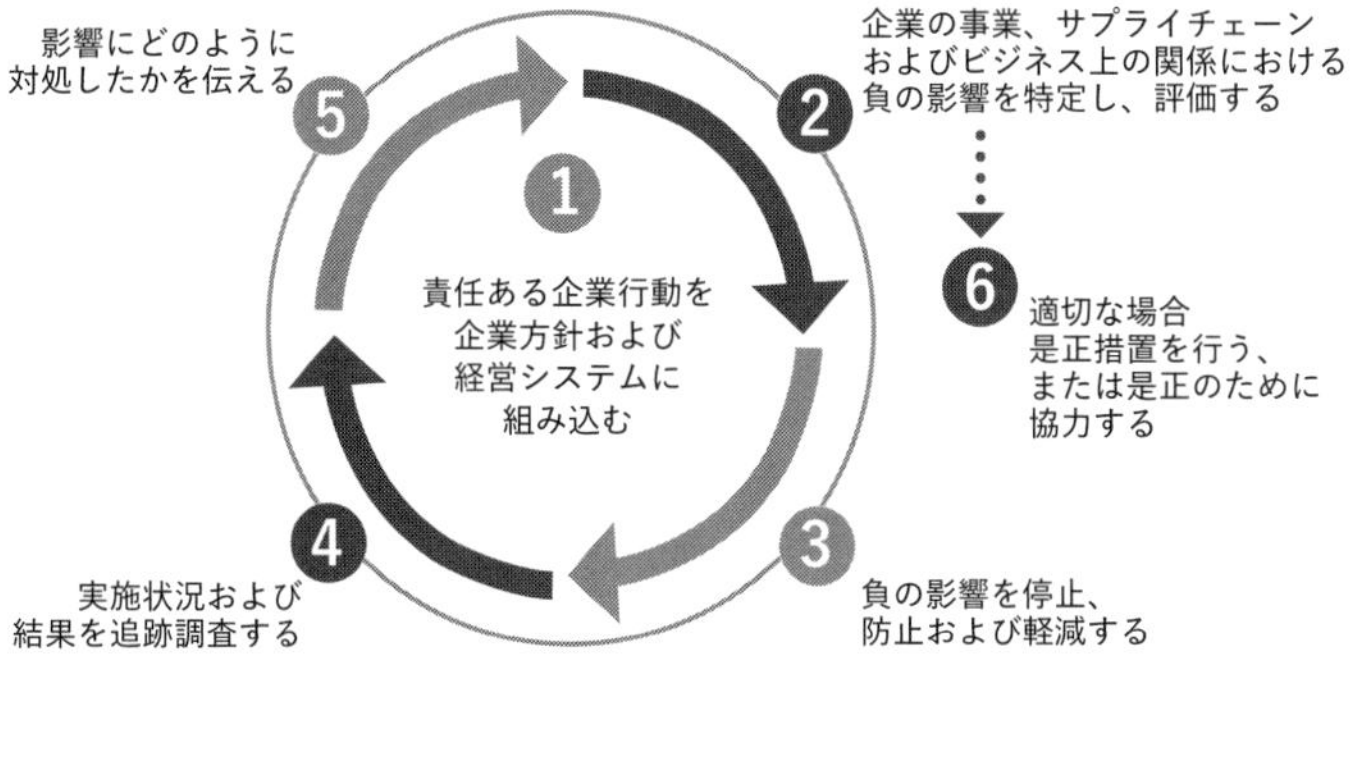

出典：「責任ある企業行動のための OECD デュー・ディリジェンスガイダンス」21 頁

た一連の活動を指します。図表12は、DDを示すために最も多く利用される図です。DDの継続性をよく示していると言えます。

人権DDとして行うべきことについては、国連指導原則や「責任ある企業行動のためのOECDデュー・ディリジェンス・ガイダンス」のような国際的スタンダード・ガイダンス、また、日本政府が公表した「責任あるサプライチェーン等における人権尊重のためのガイドライン」※65に具体的な記載がありますので、そちらを参照してください。

以下では、企業が人権DDに取り組む上での重要なポイントや視点、陥りがちな誤解等を中心に説明します。

◆ステークホルダーエンゲージメントの重要性

人権DDにおいて重要な要素として、ステークホルダーエンゲージメントがあります。「ステークホルダー」という語は、企業の「利害関係者」という意味で把握されるのが一般的です。人権DDとの関係では、人権への負の影響を受けるステークホル

※65　参照：経済産業省ウェブサイト「日本政府は「責任あるサプライチェーン等における人権尊重のためのガイドライン」を策定しました」
https://www.meti.go.jp/press/2022/09/20220913003/20220913003.html

ダー（affected stakeholder）とのエンゲージメント（対話）が特に重要になります。

これは、ステークホルダーに対する負の影響を正確に把握し、適切な対応をするためには、当事者（人権を有する者という意味で「ライツホルダー」とも称します）との対話を通じて、その懸念等を理解することが大事だと考えられているからです。ひと言で言えば、「人が困っている場合、どう困っているか、どうしてほしいかは当人に確認する」という考え方です。

当事者との対話が難しい場合、ＮＰＯ・ＮＧＯや市民社会の関係者と対話をしたり、人権リスクの評価のプロセスで人権専門家の知見を聞いたりすることが求められることもあります。

これらのことから、人権ＤＤにおいてステークホルダーエンゲージメントは「一丁目一番地」だともいわれており、多くの企業のウェブサイト等における人権ＤＤへの取り組みに関する公表事例でも、その点が示されています。

このように、誰とでもエンゲージ・対話をすれば良いということではありません。重要なのは、その活動が実際に生じている、生じ得る個別具体的な「人権への負の影響に適切に対処する」という目的に資するものになっていることです。

03

デュー・ディリジェンスの注意点

前述のように、ビジネス上で人権問題は常に起こり得るものであり、継続的な対応が必要です。一方で、ただ継続していればいいというものではありません。ここでは、人権ＤＤに取り組む上で注意が必要な点を見ていきます。

◆ＤＤをルーティンワークにしてはいけない

人権ＤＤの実施に際して、気を付けなくてはいけないのは、人権ＤＤの継続性を強調し過ぎることで、取り組みがルーティンワークのように捉えられ、プロセスを回すこと自体を目的化しがちだということです。

このような発想になると、プロセスを構成する制度設計にエネルギーが多く注がれがちです。例えば、どれくらいの頻度でサプライヤーにチェックリストを送ればいいか、プロセスを回すためのマニュアルをどう作るかなどといった、仕組みの面への取り組みです。

しかし、そもそも人権デュー・ディリジェンスの目的は、企業活動上の人権への負の影響を防止・軽減・是正することです。仕組み作りは最終的な目的ではありません。もちろん、仕組みはとても重要な要素ではありますが、本来の目的を念頭に置きながら、バランスの取れた対応をすることが大事です。

また、突発的に人権侵害が生じた場合に、それがPDCA的なプロセスから外れている（ように）感じるため、「ビジネスと人権」のフレームワークとは異なった枠組みで対処しがちという危険性もあります。

例えば、朝起きてニュースを見たら自社が関連する国で紛争が起きていた、出社すると、外国のNGOから人権侵害について追及する英語のメールが届いていた。こうした場合、「どうやってやり過ごそう」「責任を免れるためにどんな言い方をすればいいか」といった、不祥事対応のような発想になりがちです（もっとも、このような発想が不祥事対応としても適切かについては、大いに議論の余地があるでしょう）。

冒頭で説明した「ビジネスと人権」についての基本的な考え方（人権への負の影響

の特定・評価・対処・追跡調査・公表）は、ＰＤＣＡを回す過程で人権問題が出てきても、突発的に生じても、等しく妥当するものです。生じ方によって考え方を変えるべきではなく、また変える必要もありません。

もちろん、人権侵害が取締役等の法的責任を構成することもあるため、国連指導原則等に基づく「人権対応」とは別に、会社法や刑法等のハードローにより生じ得る法的リスクにどう適切に対応するかについては検討が必要な場合もあるでしょう。ポイントは、両者が目指すことの異なるところをはっきりと認識した上で、これを混在させないことです。

◆「善行」は人権侵害への対処とは考えられない

目的の混在という観点からもう1点重要なのは、「善行」は企業活動を通じて生じる個別具体的な人権侵害への対処とは考えられないという点です。

例えば、ある工場においてハラスメントや劣悪な労働条件等の人権侵害が生じていたとします。その場合に、工場で勤務する子供たちのために学校を作ったり、地域コミュニティに寄付したりしても、具体的に発生している人権侵害（この例ではハラスメントや劣悪な労働条件）に関する対応とは認められないということです。「善行」は人権侵害を相殺しないのです。

誤解がないように加えておくと、雇用の創出や各種の善行が無意味・無価値だと言っているわけではありません。これらの活動は大いに意味があることとして正当に評価されるべきではありますが、それは個別の人権侵害への対処の欠如とは別の問題として議論・評価されるべきだということです。

◆紛争地域では特に人権侵害が起きやすい

人権侵害が発生する蓋然《がいぜん》性が高い状況として、紛争地域が挙げられます。ウクライナ紛争を例に取れば、戦場で女性に対するひどい行為が行われたり、男女問わず暴力の行使がされたりしています。ロシア側に目を向けると、デモ隊が鎮圧されたり、警察が市民にスマホを見せることを強要したりしています。表現の自由、通信の自由、あるいは報道の自由が抑圧されています。

このように、紛争地域では平時に比べて人権侵害が起きやすく、また、自分たちでは気付かずに人権侵害に加担しているという状況にもなりかねません。

そのため、普段より人権ＤＤの必要性が高まるという考え方があります。一段階アラートが上がっているような状況で、「より高度なＤＤ（Heightend Due Diligence）」等といわれます。

ミャンマーの例で言えば、人権侵害をしているのはミャンマー国軍ですが、そこで企業が国軍に対する利益供与等をしていると、人権侵害に加担しているのではないかと見られてしまう。取引自体は人権侵害行為でなかったとしても、人権を侵害する者の手助けをしているということになりやすいと言えます。

そうした点には、重々気を付けなければいけません。現に、欧米企業を中心に多くの企業は、ミャンマーやロシアでの事業にこのようなリスクがあることから、撤退したり投資を引き上げたりしています。

もちろん、全ての事業活動が人権侵害の加担になるわけではなく、「撤退ありき」が正しいわけではありません。しかし、そのような環境において事業を継続する以上は、人権侵害加担リスクがないことをさまざまな形で明確に示すことがより一層求められるという点に留意が必要です。

04

サプライチェーン全体の対応が必要

人権ＤＤの大きな特徴の一つとして、自社が人権侵害をしていなければいいというわけではなく、サプライチェーン全体で考えなければいけない、という点があります。川上から川下まで、自社がどの位置にいたとしても、正しい理解が必要です。

◆「自らの手が汚れていなければいい」は認められない

自社が人権侵害をしている場合には、自分たちで直接対処できます。しかし、自社の取引先が人権侵害をしている場合には、直接対処をすることはできません。

そこで生まれるのが、「影響力の行使」という考え方です。自社が取引先との関係に対して持つ影響力を適切に行使することを通じて、人権への負の影響に対処するというものであり、影響力の源としては、ビジネス上の関係性や、契約等が想定されています。また、そもそも影響力がない場合には、どのようにすれば影響力を強めることができるのかに、思いをいたすことが求められます。「自らの手が汚れていなければいい」は認められないのです。

具体的には、取引先の労働安全衛生の状況に問題がないかを確認するための監査や、取引先の人権意識を高めるための取引先従業員への研修、取引先の従業員等が苦情申し立てをするための仕組みを作ること等が考えられます。

ただし、自らが取引先に対して強い立場にある場合に、全ての負担を取引先に押し付けてはいけません。そのような対処は場合によっては優越的地位の濫用にも当たりかねない点に気を付ける必要があります。

◆社会課題に関する認証システム

企業は合理性を図るために、役割分担をしています。例えばコーヒーであれば、コーヒー豆を作る人から始まって、それを袋に詰める人、運ぶ人、海外へ送る人……というような流れがあって、最後に販売するというところまで全てがメーカーの仕事だという捉え方です。

自国では労働関係がしっかりしていたとしても、海外で豆を作る段階で強制労働や児童労働が行われていれば、関係ないとは言えません。

サプライチェーン上、原産地や安全性を確認するためのトレーサビリティは一般的になっています。加えて、そこに関与している人の人権や環境問題といった社会課題に関してもきちんと対応しなければいけなくなっています。


一方、企業のサプライチェーンは極めて多岐にわたり、複雑化しています。そのため、自社が関わる社会課題を独力で全て把握するのは極めて困難です。

そのような問題への対応の一つの方法として、社会課題に関する認証システムがあります。

例えば、緑のカエルのマークで知られているレインフォレスト・アライアンスという団体です。この団体は、環境・経済・社会という柱を基本とする持続可能性の基準に照らし、コーヒー、カカオ、茶類、バナナ等の農産物に関連する認証制度を設けています。認証を受けた商品を調達することを通じて、人権を含めた社会課題への対応がしやすいという仕組みになっています。

また、このような認証制度は自分がサプライヤーである場合にも、社会課題に対処していることを示すことができるという意味合いがあります。

このような認証としては、ほかにパーム油に関するＲＳＰＯ認証、大豆に関するＲＴＲＳ認証等があり、適切に活用することで社会課題対応に役立てることができるでしょう。

第4章

全ての人を認めて受け入れる

01

ダイバーシティ&インクルージョン

ダイバーシティ&インクルージョン（D&I）は一般的にも浸透してきている言葉です。ただ、実際に何が問題で、どう対応すべきかわからない、という人も多いのではないでしょうか。本章では、企業が考えるべきD&Iの課題について見ていきます。

◆D&I三つの課題

ダイバーシティ&インクルージョンのあり方を考える上では、2019年の東京大学入学式における上野千鶴子氏のスピーチ※66が、示唆に富んでいます。

そこで上野氏は大きく三つのことを言っています。

一つは男女格差について。

合コンで男性は「僕は東大です」というのに、女性は「東京、の、大学」と答える。

※66　参照：東京大学ウェブサイト「平成31年度東京大学学部入学式　祝辞」
https://www.u-tokyo.ac.jp/ja/about/president/b_message31_03.html

それはなぜか。男性の価値と成績の良さは一致しているのに、女性の価値と成績の良さとの間にはねじれがあるからだ、というテーマです。

次に持てる人と持てない人の話。

あなたたちは頑張って東京大学に入学した。しかし、頑張れば報われると思えるのは、環境のお陰である。世の中には頑張っても報われない人、頑張ろうにも頑張れない人がいる。東大に入れたのはあなたたちの努力だけではない、というメッセージです。

最後に、多様性の重要さについて。

新しい価値はシステムとシステムの間、異文化が摩擦するところに生まれる。異文化を恐れる必要はない。海外留学、国際交流。未知を求めて外の世界に飛び出しましょう、という内容です。

◆ダイバーシティとインクルージョン（D&I）とは

「ダイバーシティ」とは、人の「多様」さを指します。経済産業省の「ダイバーシティ経営の定義」における「多様な人材」の説明では、「性別、年齢、人種や国籍、障がいの有無、性的指向、宗教・信条、価値観などの多様性だけでなく、キャリアや経験、働き方などの多様性も含みます」とされています※67。年齢や国籍等の目に見える属性だけではなく、価値観等の目に見えない属性も含む概念です。

これに対し、「インクルージョン」とは、直訳すると「包摂」という意味になります。「ダイバーシティ&インクルージョン（D&I）」の文脈では、企業組織の多様化（ダイバーシファイ）にとどまらず、その中で「一人ひとりが『職場で尊重されたメンバーとして扱われている』と認識している状態」を指すとされています※68。

※67　経済産業省ウェブサイト「ダイバーシティ経営の推進について」より
※68　参照：2021 年 3 月経済産業省「【改訂版】ダイバーシティ経営診断シートの手引き　多様な個をいかす経営へ　～ダイバーシティ経営への第一歩～」
https://www.meti.go.jp/policy/economy/jinzai/diversity/turutebiki.pdf

◆企業価値の向上の観点からのD&I

企業活動においてなぜD&Iが問題になるのでしょうか。経済産業省が提言している「ダイバーシティ2・0　一歩先の競争戦略へ」によると、「競争環境のグローバル化を始めとする市場環境の変化は、企業経営に対して、経営上の不確実性を増大させるとともに、ステークホルダーの多様化をもたらして」おり、「企業は、多様化する顧客ニーズを捉えてイノベーションを生み出すとともに、差し迫る外部環境の変化に対応するため、女性を含む多様な属性、多様な感性・能力・価値観・経験などを持った人材を確保し、それぞれが能力を最大限発揮できるようにする『ダイバーシティ経営』の推進が求められている」とされています[※69]。

また、その効果として、「①人材獲得力の強化、②リスク管理能力の向上、③取締役会の監督機能の向上、④イノベーション創出の促進などによる、企業価値の向上があげられる」としており、つまり企業にとって「経済的に得」であるという観点からD&Iの効用が示されています。

※69　参照：令和２年９月経済産業省「ダイバーシティ 2.0 一歩先の競争戦略へ」
https://www.meti.go.jp/policy/economy/jinzai/diversity/diversitykyousousenryaku.pdf

◆CSRの観点からのD&I

企業は営利を追求することを基本的な目的とする組織であり、上記のような観点でのD＆Ｉの推進は、もちろん検討されてしかるべきかと思います。

他方、D＆Ｉにおいては、後述するように、「差別やハラスメントをしない」「脆弱な立場にある人を取り残さない」という側面もあります。これは経済的な損得以前の問題として、企業がその責任において取り組むべき事柄です。

また、多くの企業が賛同しているSDGsは、「誰一人取り残さない世界の実現」を理念に掲げており、D＆Ｉへの取り組みはまさにSDGsの推進とも趣旨が合致するものと言えるでしょう。

そういう意味では、CSRの観点からは、損得だけではなく企業としてどのような社会的責任があるかという観点から、D＆Ｉに取り組むことが求められています。

02

日本企業のD&I上の課題

日本企業が考えるべきD&Iの具体的な課題として、大きくは女性差別、ハラスメント、外国人雇用の問題です。それらの背景にあるのは、D&I視点の欠落です。まずは課題を正しく捉えるところから始めましょう。

◆女性差別・ハラスメント

世界経済フォーラム（WEF：World Economic Forum）は、2022年7月に「The Global Gender Gap Report 2022」を公表し、その中で各国における男女格差を図るジェンダーギャップ指数を発表しました※70。企業による経済活動のみならず、「教育」「健康」「政治」を含む四つの分野のデータから作成されており、日本の順位は146カ国中116位。先進国の中では最低レベル、アジア諸国の中でも韓国や中国、ASEAN諸国より低い結果となっています※71。

※70　参照：World Economic Forum「Global Gender Gap Report 2022」
https://www.weforum.org/reports/global-gender-gap-report-2022/

※71　参照：内閣府男女共同参画局『共同参画 2022 年 8 月号』「世界経済フォーラムが「ジェンダー・ギャップ指数 2022」を公表」（内閣府男女共同参画局総務課）
https://www.gender.go.jp/public/kyodosankaku/2022/202208/pdf/202208.pdf

中でも経済の順位は政治と共に低くなっており、146カ国中121位となっています。特に順位が低い項目としては、収入の格差（100位）、管理職の女性割合（130位）があります[※72]。

このような格差の問題にとどまらず、セクシャル・ハラスメント、パワー・ハラスメントをはじめとした女性に対するハラスメントは後を絶ちません。

2019年6月5日には女性の職業生活における活躍の推進等に関する法律等の一部を改正する法律が公布され、労働施策総合推進法、男女雇用機会均等法及び育児・介護休業法が改正される等しました。

これにより、職場におけるパワー・ハラスメント防止のために、雇用管理上必要な措置を講じることが事業主の義務となっています[※73]。

D&Iを確保することを目指すのであれば、男女の収入・昇進面の格差の解消や、差別・ハラスメントの防止は当然行われてしかるべきです。また、経営層のリーダーシップを持った取り組みが一層求められています。

※72　参照：朝日新聞 SDGsAction! ウェブサイト「【ジェンダーギャップ指数】日本、2022年は世界116位　政治・経済で大きな男女格差」https://www.asahi.com/sdgs/article/14668906

※73　参照：厚生労働省ウェブサイト「職場におけるハラスメントの防止のために（セクシュアルハラスメント／妊娠・出産・育児休業等に関するハラスメント／パワーハラスメント）」https://www.mhlw.go.jp/stf/seisakunitsuite/bunya/koyou_roudou/koyoukintou/seisaku06/

◆外国人雇用

我が国における労働力不足の深刻化は年々進んでいます。ＪＩＣＡ（国際協力機構）の研究所の試算によると、２０３０年の時点で必要な外国人労働者は４１９万人で、63万人が不足する見通しとのことです。また、２０４０年に必要とされる全ての外国人労働者が就労すると、東京での15歳から64歳の人口に占める外国人労働者の割合は18・９％に上ると推計されています※74。

このように、外国人労働者が重要な存在である以上、外国人が人権侵害等により不当に扱われないことはもとより、インクルーシブな、すなわち、「職場で尊重されたメンバーとして扱われている」環境・体制を確保することが必要であることは言うまでもありません。

他方、日本における外国人雇用において一定の比率を占める技能実習制度（２０２１年10月末時点での「外国人雇用状況」の届出状況によると20・４％）※75については、その過程における重い債務負担等を理由に、米国務省人身取引監視対策部から「強

---

index.html

※74　参照：国際協力機構　緒方貞子平和開発研究所ウェブサイト「2030/40年の外国人との共生社会の実現に向けた取り組み調査・研究報告書」
https://www.jica.go.jp/jica-ri/ja/publication/booksandreports/20220331_01.html

※75：次ページ参照

制労働」をさせられていると指摘される等、人権上の課題も取り沙汰されています※76。また、技能実習生に対する暴力等のハラスメントに関する事件も発生しています。2022年にベトナム人の技能実習生が実習先企業で暴力を受ける様子を撮影した動画が報道されて衝撃を呼んだのは、記憶に新しいところです※77。

企業に関するものではありませんが、2021年には名古屋出入国在留管理局に収容中のスリランカ国籍の女性、ウィシュマ・サンダマリさんが死亡する事件が起きました。体調不良を訴え続けていたにもかかわらず、適切な治療を施さないまま亡くなり、出入国在留管理庁の体制が問題視される事態も起きています。

これらの事象の背後に潜む理由は単純化できるものではないでしょう。ただし、前述のベトナム人実習生の「外国人で日本語が下手だったということだけで、仕事中も仕事の後も、バカにされ、毎日のように暴力が続きました」というコメントからは、残念ながら当該企業の外国人に対する差別意識がうかがわれると言わざるを得ません。

外国人については、このほか、各種のサービスの提供拒否やヘイトスピーチ等の人

※75　参照：厚生労働省「「外国人雇用状況」の届出状況【概要版】」
https://www.mhlw.go.jp/content/11655000/000887553.pdf

※76　参照：在日米国大使館と領事館ウェブサイト「2022年人身取引報告書（日本に関する部分）」
https://jp.usembassy.gov/ja/trafficking-in-persons-report-2022-japan-ja/

※77　参照：The Asahi Shimbun GLOBE+ ウェブサイト「「ろっ骨３本折られた」ベトナム人技能実

権問題も存在するとされます※78。インクルーシブな社会を作るためにはいずれも解消されなければいけない問題であり、サービス提供者として、また、雇用者としての企業の社会的責任は重大です。もちろん、そこに共生している日本人の役職員にとっても「自分事」として捉えるべき事柄です。

◆D&I視点の欠落とそれがもたらすリスク

上記のような問題だけではなく、D&Iに関連して企業が社会的批判を受け、場合によっては「炎上」するケースは数多くあります。日本全国の温泉地を擬人化したプロジェクトが「女性差別・搾取」であるとされた事案※79、東京五輪組織委員会の会長が女性蔑視発言をして辞任に至った事案※80、全国紙の新聞に胸が強調された女子高生の漫画の全面広告が掲載されたことに対して批判が相次いだ事案※81等です。

これらの背景にある問題点の一つがD&I視点の欠落です。

例えば、情報の受け手や何かをされた側（ハラスメントの被害者等）等、多様（ダイバース）な関係者がどう思うかという他者目線・多様性目線の乏しさ、男らしさ・

習生が訴えた暴行被害とは　取材で詳細語る」https://globe.asahi.com/article/14535788

※78　参照：法務省ウェブサイト「外国人の人権を尊重しましょう」https://www.moj.go.jp/JINKEN/jinken04_00101.html

※79・80・81：次ページ参照

女らしさ等ジェンダーロール（役割）等の固定的な見方（ステレオタイプ）や社会的なレッテル貼り（スティグマ）等が挙げられます。

また、それらの背後にあるとされ、最近問題となっているのが、無意識の偏見（アンコンシャス・バイアス）です。世の中の事象を自分なりに認識し、解釈すること自体に必ずしも問題があるわけではありませんが、これに基づき他人について「決めつけ」をしたり「押し付け」をしてしまい、他人を傷付けたり悪影響を及ぼすことが問題であると考えられています※82。

このような無意識さをもたらしている原因の一つには、個々人が置かれている諸々の環境があり得ます。また、その自覚と解消を困難たらしめている理由としては、想像力の欠如、他人を理解する努力の不足、自分が本当に正しいのかと客観視できていないこと等があると思われます。

例えば、前述の技能実習生が多額の債務を負担していることが問題視されるケースについて、「自分で債務負担をするというリスクを取って、それでも得だという判断をして渡航して来ているのだから、自己責任である」という見方もあると思います。

※79　参照：JCASTニュース「性差別？「温泉むすめ」キャラ設定が物議　運営がサイト修正、後援の官公庁は「対応を検討中」」 https://www.j-cast.com/2021/11/17425150.html?p=all
※80　参照：BBC NEWS JAPANウェブサイト「五輪組織委の森会長、性差別発言で辞任　後任は選考委員会で」https://www.bbc.com/japanese/56036705
※81　参照：HUFFPOSTウェブサイト「「月曜日のたわわ」全面広告を日経新聞が掲載。専門家が指

ただし、それらの人が出身国でどのような境遇にあるのか、自己判断をするに際して十分な情報を与えられたのか等、他者の立場に対して十分に思いをいたしていると言えるのかを顧み、熟考する価値があるのではないでしょうか。

また、これらの事案においては、企業等に自らがどのような立場にあるのかについての自覚が欠けているようにも思われます。

例えば、世間で炎上したキャラクターや漫画を個人が趣味として楽しむのと、地方公共団体が利用したり影響力のある全国紙が広く世間一般に向けて公表するのとでは、評価が異なるのは当然です。そのような違いに思いをいたしていたのか、制作者側がその企画を面白いと感じ、来客や売上が増えればそれで良いとだけ考えていなかったか等も、考える必要があるでしょう。

摘する３つの問題点とは？」
https://www.huffingtonpost.jp/entry/story_jp_624f8d37e4b066ecde03f5b7
※82　参照：内閣府男女共同参画局『共同参画 2021 年５月号』「アンコンシャス・バイアスへの気づきは、ひとりひとりがイキイキと活躍する社会への第一歩」（内閣府男女共同参画局総務課）
https://www.gender.go.jp/public/kyodosankaku/2021/202105/pdf/202105.pdf

03

「E（エクイティ）」という概念

近時は、D&Iに「E」を加えた「DE&I」という概念及びこれに基づく取り組みをする企業が増えつつあります。Eは「エクイティ（Equity）」の頭文字で、日本語では「公平」（あるいは「公平性」とも）という訳になります。「公平」は「平等（Equality）」と似た語感がありますが、その意味するところはどう違うのでしょうか。

◆「公平」と「平等」の違い

「公平」と「平等」に関して有名な動画があります※83。米国で行われた、あるワークショップを撮影したものです。

数十人の若者が広場で一列に並び、徒競走で優勝すれば賞金100ドルをもらえることを知らされます。ただし、すぐにスタートするのではなく、インストラクターが伝える「条件」に当てはまる人は2歩ずつ前に進むことができます。

※83　参照：https://www.youtube.com/watch?v=4K5fbQ1-zps

前に進むことのできる条件は、「両親は離婚していない」「私立の教育を受けてきた」「携帯電話の料金の支払いを心配したことがない」等といったものです。

どんどん前に進んでいく学生もいれば、スタートラインに残ったままの学生もいます。全ての条件を伝えられた後、前を行く学生は後ろを振り向き、その距離に呆然とします。動けずにいる学生は、自分が置かれた現実を再確認して涙を流します。

インストラクターが語ります。

「これまで僕が掲げた条件は、君自身の責任ではない。君たちが成し遂げたものとは何にも関係がない」

この動画で示されているのは、徒競走として形式的には同じルールを「平等」に適用していても、そもそものスタートラインが異なること、実質的には不平等(Inequality)が生じているという世の中の実状です。

このような不平等を是正するために、不平等な状況に置かれている一人ひとりの状況に合わせてツールやリソースを調整して、誰もが成功する機会を得られるようにすることが「公平」です。このような考え方の登場の背景には、形式的な機会の平等の提供だけでは、社会に存在する構造的な不平等が解決されないという問題意識があります。

「公平」の達成のための具体的な取り組みの例としては、女性や性的少数者の役員や管理職を一定の比率以上にするという目標の設定、マイノリティへのキャリアアッププログラムの設定、自社のサービスプロバイダーやサプライヤーの一定数以上を社会的マイノリティが経営する企業にすること等があります。

◆「マジョリティ特権」という考え方

同様に、近時登場している考え方として、「マジョリティ特権」があります。マジョリティとは社会におけるさまざまな局面での権力を有している社会集団を意味し、「特権」はそれにたまたま属していることで労なくして得る優位性・恩恵と考えられています※84。

例えば、日本の場合には、日本人であること、男性であること、健常者であること、異性愛者であること等がマジョリティ性（特権性）要素であるとされています。このような要素が強い人は、そうでない人に比べて差別や偏見等にさらされていないという「恩恵」を受けているという考え方です。

マジョリティ性を多く持っていることは〝たまたま〟であり、それ自体が悪いこと

※84　参照：東京人権啓発企業連絡会ウェブサイト「出口真紀子：マジョリティの特権を可視化する～差別を自分ごととしてとらえるために～」
https://www.jinken-net.com/close-up/20200701_1908.html

ではありません。問題とされているのは、そのような恩恵を受けていることに無自覚であることで、差別や格差の改善の必要性を認識できなかったり、公平性を確保するための措置を「逆差別である」と考えてしまったりすることです。

この議論は、前出の「不平等」な状態の裏返しとも言えるかもしれません。自分が何か悪いことをしたわけではないのに、「特権を持っている！」と言われることについては抵抗感があるかもしれませんが、「公平」を目指すに当たり一つの有意な視点になるでしょう。

第5章

企業と環境・生物多様性

01

どのようにエネルギーを賄うのか

自然破壊、森林伐採、乱獲、温暖化、海面上昇……。環境問題は多岐にわたります。CSRの観点では、その中でも地球温暖化、それに連なるエネルギー問題、また生物多様性の保護が主な議論になります。まずは温暖化とエネルギー問題について国際的な議論を見ていきましょう。

◆温暖化で経済は立ちいかなくなる

温暖化対策やグリーンエネルギーの具体的な目標や取り組みは、「パリ協定」等の国際会議・協定によって定められています。これらの対策が急速に進んでいる背景には、現実的な対応が迫られているという事実があります。

パリ協定では、産業革命後の気温上昇を産業革命以前に比べて2℃より十分低く保ち、1・5℃に抑えるという目標が示されています※85。しかしながら、日本ではいま

※85　パリ協定についてわかりやすい参考として：経済産業省資源エネルギー庁ウェブサイト「今さら聞けない「パリ協定」～何が決まったのか？私たちは何をすべきか？～」 https://www.enecho.meti.go.jp/about/special/tokushu/ondankashoene/pariskyotei.html
※86　参照：Forbes ウェブサイト「A 2° C World Might Be Insurable, A 4° C World Certainly Would Not Be」

いちピンとこない人が多いのが実情でしょう。

例えば大手保険会社AXAは、「気温が2℃上昇することには耐えられるが、4℃の上昇は耐えられない」という旨の発言をしています※86。これは何を示しているのでしょうか。

保険は確率論が前提になっています。保険の掛け金は、人が病気になる確率や死亡する確率と同様に、自然災害が起きる確率も考慮されて決まります。例として極論すれば、大地震は確率的に100年に1度起きる。そのときに100億円必要なら、年1億円ずつプールしておけばいい、といった考え方です。

ただし、この計算はいままでの地球環境を前提としています。気温が上がれば台風が増える、山火事が増える、洪水が増えるといった変化が生じます。前述の発言は「2℃上がる程度であればこれらのリスクを踏まえて運営できるけれども、4℃では対応できない」という意味で、それだけ人類が災害の危険性にさらされる可能性が上がっているということです。

また、BIS※87という団体が発表した「グリーンスワン・レポート※88」では、環境悪化を止めなければ、金融機関も保険会社と同様に立ち行かなくなるという内容が

---

https://www.forbes.com/sites/dinamedland/2015/05/26/a-2c-world-might-be-insurable-a-4c-world-certainly-would-not-be/?sh=212572f22de0

※87　国際決済銀行（Bank for International Settlements）

※88　参照：『証券レビュー第60巻第3号』（日本証券経済研究所）「グリースワン・レポートの紹介～気候リスクへの中央銀行、金融規制当局の対応」（佐志田晶夫）

書かれています。気候変動リスクは、時期は不確実でも将来の発生可能性は高い上、影響は極めて深刻で、環境・社会・経済に複雑に影響するという見解です。

このように、「保険会社や金融機関といえども、温暖化問題にしっかりと向き合わなければリスク回避ができない」という状況下で、国家と企業はこの問題をどう考えていくかという議論が起きています。

他方で、環境問題は経済との関係でも語られます。化石燃料をグリーンエネルギーに変えることができれば、その過程で膨大な利益が発生します。車も、飛行機も、発電所も変わる。大きな変化に伴うお金の流れを取るという意味も合わせて、国際的に大きな目標になっています。

◆グリーンエネルギー化を進める欧州

EUでは、2019年に「グリーンディール」を発表しました※89。「ここから先はグリーンエネルギーに移行する」という姿勢を示す内容になっています。

※89　経団連によるグリーンディールの説明の参考として：Keidanren Policy&Action ウェブサイト「欧州グリーンディールとその対外的側面」
https://www.keidanren.or.jp/journal/times/2022/0317_14.html

国別に見ていくと、フランスでは原子力エネルギーを増やす方向です。東日本大震災の後、フランスの作業ロボットが福島原発へと派遣されたことを記憶されている方もいるかもしれません。当時からフランスは原子力に対する強いベクトルを持っていたことがわかります。

フランスが原子力に親和的な理由としては、独立心が強いため、他国にエネルギーを依存したくないという点があります。また、優秀な核科学者に恵まれてきたからとする見解もあります※90。

一方で、ドイツはチェルノブイリ原発が近いということもあり、原子力にネガティブといわれています。

では、ドイツは原子力を使わずにどのようにエネルギーを調達するのでしょうか。いままでドイツはロシアから天然ガスを輸入していましたが、これを減らす方向へ進んでいます。そうすると当然、その他のエネルギーへの依存度は上がっていきます。その状況で、ドイツは本当に今後もグリーンエネルギーに舵を切り続けることができるのか、という問題があります※91。

※90　参照：国立研究開発法人科学技術振興機構研究開発戦略センター「フランスの科学技術情勢」https://www.jst.go.jp/crds/report/FR20151101.html

※91　欧州におけるエネルギー政策の変遷の参考として：『国際商事法務 Vol.49 No.6-10』（国際商事法研究所）「カーボン・ニュートラル社会（脱炭素社会）に向けての社会と法の在り方」

ロシアの天然ガス

ロシア・ウクライナ紛争を巡り、ロシアの制裁に消極的なのは天然ガスを買っている中国とインドといわれます。

欧米から強く金融制裁を受けているのに、なぜロシアが耐えられるのかといえば、その分、中国とインドが天然ガスを買っているからです※92。ほかの国も、実質的には規制を逃れて買っているといわれます。

その背景には、欧州各国がエネルギー政策を長年ロシアの天然ガスに依存してきたという事情があります。

2022年9月現在、ウクライナは猛反撃に出ていますが、欧州でエネルギーの需要が増加する冬に向けて、ロシアはゆさぶりをかけているともいわれます。

このようなエネルギー政策は、当然のことながら日本も無関係ではありません。日本もサハリンから原油・天然ガスを輸入しています。

そういった意味ではまだまだ天然ガスは注目を浴びるエネルギーです。政治的なバランスをどう考えるのかという課題も、現実のエネルギー政策の背景に存在すると言えます。

※92　参照:『日本経済新聞 2022 年 9 月 9 日』「[FT] 中国・インド、石油「爆買い」でロシア支える」

◆米国の政権とエネルギー政策の変遷

次に、米国のエネルギー政策を見ていきましょう。

米国で環境をテーマに掲げた政治家といえば、アル・ゴア元副大統領です。著書の中では地球温暖化について強く警鐘を鳴らしています※93。

一方で、その後大統領となったドナルド・トランプ氏は化石燃料派といわれます。トランプ氏が選挙に勝った要因の一つが、グローバル経済の恩恵を得ていない人の支持です。彼らからすれば米国が警察として世界を守る必要はありません。それよりも米国の経済を良くしてくれる人のほうが大切です。

また、トランプ氏が国連やWHOに対する批判をしていたことも影響しています。2022年の国連通常予算分担率は、米国が22％、中国が15・3％、日本が8％、ロシアが1・9％です※94。近時のウクライナ紛争でも、ロシアを制裁しようとしても常任理事国が拒否権を行使すれば通りません。「そんなことをする国連になぜ莫大なお金を出しているんだ」という疑問が生じています。

WHOも同様で、2018〜2019年のWHO予算に占める割合は米国14・7％、

※93　日本語版：『不都合な真実』（アル・ゴア著／枝廣淳子訳、ランダムハウス講談社）
※94　外務省「2020〜2022年国連通常予算分担率・分担金」による

ビル＆メリンダ・ゲイツ財団が9・8％です※95。ここでも、「あれだけのお金を集めておきながら、新型コロナ禍初期の対応は何なんだ」という批判が存在します。

さて、これまで米国が中東に高い軍事協力費を出してきたことと、原油との関係性は切り離せません。

米国ではシェールガス・シェールオイルといって、地下深い頁岩《けつがん》層から出てくるガスや原油を採取する方法が開発されています。そうなれば、高い原油を中東から買う必要も低減します。世界の産出量では、２０２１年現在、米国が1位、サウジアラビアが2位、ロシアが3位となっています※96。自分たちでエネルギーを賄えるのであれば、高い軍事協力費も再考できます。

日本ではトランプ氏の主張を暴論だと捉える人も多いですが、このように、支持される理由と実際に支持する層がいました。

しかし、当然トランプ氏の考え方を拒否する人もいます。そうした人たちの投票の結果、今度はリベラルとされるジョー・バイデン氏が大統領に就任しました。

そしてバイデン氏はグリーンエネルギーへの方向性を示しています。ただし、この

※95　swissinfo.ch ウェブサイト「WHO、米国の資金拠出の実態は？」による
※96　外務省「キッズ外務省：１日あたりの原油の生産量の多い国」による
※97　参照：『VOICE 2022 年 9 月号』（PHP 研究所）「米国の中絶禁止を生んだバイブル・ベルト」（松本佐保）
※98　参照：BBC NEWS JAPAN ウェブサイト「米最高裁、銃携帯の権利を広げる判決 上院は規制

流れも、ウクライナ紛争が起きて難しい状況になっています。

さらに、バイデン政権にとって逆風とも言える動きがあります。近年、米国の最高裁は次々と保守的な判断を下しています。具体的には、人工妊娠中絶を違憲とする「ドブス対ジャクソン女性健康機構訴訟」[※97]、銃携帯の権利を広げる判決[※98]、そして環境保護局の権限制限[※99]といった事柄です。

こうした政治の流れの中、バイデン政権が進めるグリーンエネルギー化が進むのかどうか、続けて注目していく必要があります。

column

リアリズムとリベラリズム

国際政治にはリアリズムという考え方と、リベラリズムという考え方があります[※100]。

どこかの国が異常行動に出たときに、誰がその国をいさめるのか。例えば、ロシアがウクライナに侵攻したときに誰がロシアをいさめるのか。「国連を始めとする世界各国である」というのが、リベラリズムの考えです。こちらのほうが日本人にはわかりやすいでしょう。

ところが、リアリズムの人たちは「国連等では全ての問題は解決できない」

強化の法案可決」
https://www.bbc.com/japanese/61919651
※99　参照：CNN.co.jp ウェブサイト「米最高裁、気候変動と闘う環境保護局の権限抑える　バイデン政権に衝撃」https://www.cnn.co.jp/usa/35189819.html
※100　参照：「国際紛争 理論と歴史（原書第10版）」（ジョセフ・S・ナイ・ジュニア他、有斐閣）

と考えます。そもそも人がなぜ法律を守るのかといえば、違反すれば制裁が科されるからです。しかし、国際ルールに反したとしても、国家より上の組織はなく、制裁が科されることもありません。であるならば、一部の国ばかりが影響力を大きくしないように、各国も軍事力を持つべきだという意見です。

02

日本の立ち位置と課題

前述のようなエネルギーに関する国際的議論の中、日本はどのような立場を取っているのでしょうか。結論から言えば、日本はグリーンエネルギーに舵を切る方向に進んでいますが、そこにはさまざまな課題が横たわっています。

◆グリーンエネルギーに進むことができるのか

現在の世界をグリーンエネルギー陣営と化石燃料陣営に分けた場合、前者は欧州と米国、後者は中国とロシア、加えてインドです。日本としては、このどちらに立つのかというのが基本的な問題になります※101。

ただ、「日本はグリーンエネルギー化を進めない」という立場を示せば、欧州市場で日本の商品が売れなくなる可能性があります。「グリーンエネルギーの規制を順守していない商品は買わない」、あるいは「高い関税をかける」ということになりかね

※101　エネルギー問題全体の参考として：『レファレンス819号』（国立国会図書館）「再生可能エネルギーの現状と課題」（永井善一）

ません。それを回避するためにはグリーンエネルギーの方向へ進まざるを得ない、というのが日本の現状です。

日本の具体的なグリーンエネルギー政策として、「地球温暖化対策計画」も作られています。

そこでは、「2013年度に比べて2030年度の二酸化炭素排出量46％削減を目指す」とされていますが、これはとても高い目標値だと言えます。

目標をクリアするために、いますぐ化石燃料をやめてグリーンエネルギーに転換できるのでしょうか。そこには二つ問題があります。

一つは、現状でのエネルギー不足です。ウクライナ紛争の影響でエネルギーが足りないといわれる中で、化石燃料が高騰しています。グリーンエネルギーを増やすには相応の期間とコストが必要にもかかわらず、直ちにグリーンエネルギーに舵を切れるのか、という問題です。

もう一つは、どのようにグリーンエネルギーを賄うのかという点です。日本の場合、グリーンエネルギーの選択肢としては太陽光、風力、水素、原子力等です。このそれ

※102　固定価格買取制度（Feed in Tariff）
※103　問題点の指摘の参考として：『書斎の窓 636号』（有斐閣）「太陽光発電の普及（1）固定価格買い取り制度の影響」（青島矢一）

それに難しい課題が存在します。

◆太陽光発電の課題

まず太陽光発電について、日本中にソーラーパネルを置くわけにはいきません。それにこの方法は天候に左右され、夜間や荒天時には効率が落ちてしまいます。

また、太陽光発電の普及はＦＩＴ※102によるところが大きいといわれます。ＦＩＴとは「固定価格買取制度」のことで、再生可能エネルギーから作られた電気を、電力会社が一定価格で一定期間買い取ることを国が保証する制度です。

ＦＩＴには、安定して電力を購入できるというメリットがある反面、デメリットも存在します※103（図表13）。そのことはＦＩＴを管轄する資源エネルギー庁自体も認識しているところで、同制度の見直しを公表するとともに国民負担の増加等の問題点を挙げ、「再エネ特別措置法の改正（２０１６年）」に繋がっていきました※104。

東日本大震災後の２０１２年から施行されたＦＩＴ価格は、当初、太陽光発電の普及を企図して、比較的高額な価格で設定されていましたが、右記の問題点等を踏まえて、徐々に引き下げられてきています。事業用太陽光発電は、２０１２年に１キロワッ

※104　参照：経済産業省資源エネルギー庁ウェブサイト「「平成 28 年度エネルギーに関する年次報告」（エネルギー白書 2017）」
https://www.enecho.meti.go.jp/about/whitepaper/2017html/3-3-1.html
なお、その後の改正により「再生可能エネルギー電気の利用の促進に関する特別措置法」に改称され、2022 年度より FIP 制度が導入された。

図表 13　固定化価格買取制度

2012 年 7 月　固定価格買取制度開始
（制度開始後 4 年で導入量が 2.5 倍に増加）

↓

顕在化してきた課題

太陽光に偏った導入
・太陽光発電の認定量が約 9 割
・未稼働の太陽光案件（31 万件）

国民負担の増大
・買い取り費用は 2016年度に約 2.3 兆円
・ミックスでは 2030 年に 3.7 ～ 4.0 兆円を想定

電力システム改善
・小売自由化や広域融通とバランスを取った仕組み

↓

改正 FIT 法：2016 年 5 月成立、2017 年 4 月施行

1. 新認定制度の創設
・未稼働案件の排除と、新たな未稼働案件発生を防止する仕組み
・適切な事業実施を確保する仕組み

2. コスト効率的な導入
・大規模太陽光発電の入札制度
・中長期的な買取価格目標の設定

3. リードタイムの長い電源の導入
・地熱・風力・水力等の電源の導入拡大を後押しするため、複数年買取価格を予め提示

4. 減免制度の見直し
・国際競争力維持・強化、省エネ努力の確認等による減免率の見直し

5. 送配電買取への移行
・FIT 電機の買取業務者を小売事業者から送配電事業者に変更
・電力の広域融通により導入拡大

↓

再エネ最大限の導入と国民負担抑制の両立
エネルギーミックス：22～24%の達成に向けて（2030年度）

出典：経済産業省資源エネルギー庁ウェブサイト

トアワー当たり40円だった価格は、２０１８年時点に18円になっています※105。またＦＩＴ価格は事業の認定を前提としますが、枠の転売を目的とし、認定されても事業を開始しない企業が存在する等の点も指摘されてきました。

◆風力発電の課題

次に風力発電です。この分野では、世界に比べて日本は出遅れていました。特に洋上風力発電のためには関係各所との権利関係の整理が課題で、最近ようやく整備されるようになったところです。

また、洋上風力発電については、近時、入札時の評価点方式を「事業計画の迅速性」を含むものへ変更するかどうかの議論がなされています。この変更は、既存事業者に有利な変更を行うことで、新規事業者に対する障壁を設けることを意味します。

国土交通省・洋上風力促進小委員会の議事録※106を見ると、変更に関して多様な意見が存在することが見て取れます。その背景には、第一弾コンペで某大手企業が想定を大幅に下回る価格で複数の海域を落札したことがあったのではないかと取り沙汰されています。

※105　10kW以上2,000kW未満の場合。資源エネルギー庁資料「太陽光発電について」(2021年12月)による

※106　参照：国土交通省ウェブサイト「洋上風力促進小委員会　過去の開催状況」https://www.mlit.go.jp/policy/shingikai/s304_youjouhuuryoku01_past.html

一方で、こうした事後的なルール変更は予見可能性を失わせる面があります。そのため、チャンスを狙っていた海外事業者の入札に対する萎縮効果を生むのではないか、という意見もあります。

◆水素発電・原子力発電の課題

グリーンエネルギーの選択肢として、ほかに水素発電もありますが、水素の運搬が困難で、燃焼性が高く制御が難しい面があります。

こうした事情から、日本で安定的に供給を受けられるグリーンエネルギーは原子力ということになります。岸田文雄首相は、2022年8月24日のGX実行会議で、「原子力発電所の再稼働だけでなく、新規開発についても具体的な結論を出せるよう検討を加速してほしい」と指示しました。

しかしながら、東日本大震災を契機に危険性が指摘されている原子力発電に頼ることは、国民の理解を得るのが難しい状況です。

東京電力の代表訴訟で東京地裁が13・3兆円の損害賠償を認める判決（2022年

7月13日）を下したことは、日本社会に衝撃を与えました。判決の行方は東京高裁に委ねられることとなりますが、一審判決の概要は、廃炉費用1・6兆円、住民等への損害賠償7兆円、除染費用4・6兆円を合算した損害賠償です。

ここでは、予見可能性・任務違反・因果関係・損害といったスタンダードなロジックで責任が認定されています。「原子力工学ではゼロリスクは求めない一方で、不当なリスクを生じさせない安全対策を行うべきものとされて」います。「特定の研究者の論文で示された知見というだけでは足りないものの、一定のオーソライズがされた、相応の科学的信頼性を有する知見である必要があり、それで足りる」という判断です。

要約すると、特定の論文が指摘するリスクだけに反応する必要はないが、それがオーソライズされた場合には反応を検討するべきものと解されます。

以上、さまざまな側面から、日本はすぐに全面的なグリーンエネルギーへの切り替えはできません。当面は、化石燃料とグリーンエネルギーの両方を使っていかざるを得ないわけです。

また、日本の得意分野である石油自動車もＥＶに変わっていく流れですが、これもすぐにとはいかない可能性があります。日本がＥＶに変わっても、ほかのアジア諸国が変わるまでには当然時差が存在します。その結果、石油自動車も当面マーケットに残ることになります。全体的なバランスを見ながら、先行きを考えていかなければいけません。

図表 14　グリーンエネルギーを巡る日本の立場

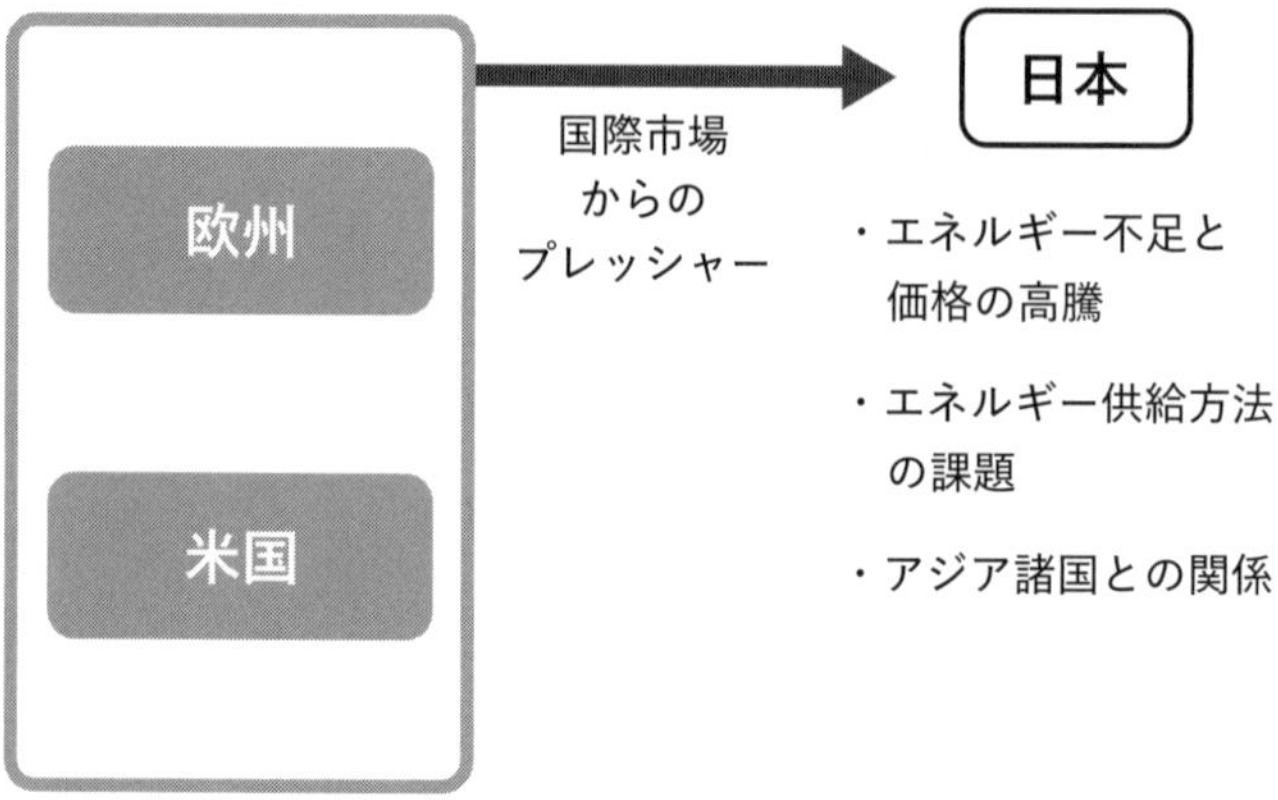

03

目の前の問題への対応も必要

環境問題を巡る議論は、ここまでに述べたような、10年先、20年先を考えるものだけではありません。将来への対策も必要ですが、より差し迫った問題がすでに起きており、別の視点での議論が必要です。

◆すでに現実化している危機

すでに環境問題の危機が現実化している一例として、海面上昇があります。海岸が整備されている国や標高の高い国に直接的な影響はなくても、海抜の低い国にとっては死活問題です。

モルディブ等では、国のメイン産業である観光業がなくなってしまいます。またオランダも海抜の低い国です。オランダでは、世界的に有名な企業に排出ガスを減らすように義務付ける判決が一審で出されました[※107]。

※107　参照：『企業法務ニューズレター 2021 年 11 月 19 日号』（西村あさひ法律事務所）「近時の環境訴訟の動向ーオランダ・ハーグにおける地裁判決を契機にー」
https://www.nishimura.com/ja/newsletters/corporate_211119.html

日本でも、ゲリラ豪雨等、すでに環境変化が原因の災害が起きています。10年先の二酸化炭素排出量を減らすことも大事ですが、いま起きている災害への対応も必要です。

短期的な環境問題への対策という点では、日本はハザードマップや緊急警報の普及等、対策が進んでいると言えます。これは東日本大震災で現実に自然災害のダメージを受けたことが背景にあり、多くの他国ではまだ普及していません。

2022年にパキスタンで起きた洪水は、国土の3分の1が影響を受けたと報道され、その背景には気候変動、警報システムへの投資不足、危険地帯における住居建設等の問題が複合的に存在したとされます[※108]。今後は日本の対策ノウハウを輸出していくということも、重要な課題になるでしょう。

UNDRR[※109]は、「気候変動は地球規模の問題のため、一国では対応しきれないと諦めがちだ。しかしながら、当面の間、気候変動に伴う災害が起きるとするならば、当該災害への対応策も重要な手立てとなる」と報告しています。

別の視点で言えば、リスクを無視し続ければ自然環境が破壊され、自然環境が破壊

※108　参照：①REUTERSウェブサイト「パキスタン大洪水の教訓、求められる多角的リスク対策」
https://jp.reuters.com/article/analysis-pakistan-flood-idJPKBN2Q22MK
②インドのバンガロールでも類似の問題が存在するとの指摘の参考として：REUTERSウェブサイト「交通渋滞と大洪水、インドの急拡大テック都市に衰退の影」
https://jp.reuters.com/article/india-weather-bengaluru-idJPKBN2QK09I

されれば経済環境が破壊され、経済環境が破壊されれば貧困層が増え続けることになりかねません。

◆エネルギー価格高騰の影響

現在、世界的に食品原材料のコストが上昇しています。各種食品が値上がりし、消費者にとっては厳しい話です。みんなが受け入れられるかといえば、民間レベルではなかなか受容できない可能性があります。

この背景にはエネルギー価格の高騰があります。どのようにエネルギーを安定的に調達して、コストを吸収するのか、この点でも、将来のことではなく短期的な課題解決が求められています。

特に、現在はものすごい勢いでドル高円安が進んでいます。２０１１年の年平均１ドル79・8円から、２０２２年の7月までの年平均は1ドル１２４・9円、２０２２年9月22日午前の段階では１４５円にまで変化しています。

円安になれば、基本的には輸入業にとって厳しい展開となります。食料自給率が低い日本では、輸入価格の高騰が日々の生活にも影響してきます。

※ 109　国連防災機関（United Nations Office for Disaster Risk Reduction）

食品原材料のコスト上昇に関連して考えられる対策としては、従業員の賃金を上げることが一つです。しかし、日本の企業は必ずしも従業員の賃金を上げることに積極的ではありません。その理由はさまざまですが、次のような問題を解決していく必要があります。

①企業には将来に対する蓄えとして内部留保金が必要であること
②業績好調の原因は円安による効果が大きく、必ずしも人員競争による人件費の向上の必要性が認識されてこなかったこと
③中小企業では、賃金を上げることでかかるコストの売上への転嫁が容易ではないこと

このように、エネルギー価格の高騰は、環境問題に加え、ウクライナ紛争を受けて経済が複雑化する中で、どうやって全体的なコストに伴うダメージをヘッジするのかという非常に大きな問題となっています。

04

環境問題のために企業がすべきこと

　ここまで、地球温暖化とそれに連なるエネルギー問題を中心に、国際的な議論を見てきました。では、こうした課題に対して、企業としてはどのように対応していけばいいのでしょうか。具体的な部分を見ていきましょう。

◆環境問題におけるソフトローのハードロー化

　第1章では、人権問題を例に、ソフトローがハードロー化するということを述べました。もともと法的拘束力を持たないものが、実質的に強制力を持つようになるという動きです。ソフトローのハードロー化は環境問題についても起こることであり、反社条項から人権条項、脱炭素条項と拡大してきています。

　企業に求められる対応を見ると、具体的な枠組みには、２０１７年に最終報告書が公表された、ＴＣＦＤがあります※110。この中では、企業等に対し、気候変動関連リスク及び機会に関する項目について開示すること等が推奨されています。

もちろん自社だけでなく、サプライチェーン全体での二酸化炭素排出量のコントロールが必要です。そのため、取引先に対する目標設定や再エネ調達等を要請する動きが広がっています。グローバル企業がサプライチェーン排出量の目標を設定すれば、多くのサプライヤーに影響が及ぶでしょう。

◆グリーン・バリューチェーンプラットフォーム

日本では、環境省がすでに「グリーン・バリューチェーンプラットフォーム」という考え方を示しています※111。具体的には「ホットスポットの特定」と呼ばれる手法で、中小企業も含めた取り組みが必要となります。

①事業者自らによる温室効果ガスの直接排出
②他社から供給された電気・熱・蒸気の使用に伴う間接排出
③事業者の活動に関連する他社の排出

※110　気候関連財務情報開示タスクフォース（Task Force on Climate-related Financial Disclosures）
※111　参照：環境省ウェブサイト「グリーン・バリューチェーンプラットフォーム サプライチェーン排出量算定から脱炭素経営へ」
https://www.env.go.jp/earth/ondanka/supply_chain/gvc/estimate_tool.html

３類型から排出量（＝活動量×排出原単位）を判断され、規模が大きく取り組みやすい事象から対策を練る等といった優先順位付けがされています。

事業者が温室効果ガスの削減をすればいいだけではなく、供給を受けている電気はクリーンか、サプライチェーン全体で取り組んでいるかというところまでチェックされます。

サプライチェーン排出量の目標設定は、ステークホルダーからの社会的信頼性を向上させますが、他方で非協力、非競合的なサプライヤーは排斥される可能性が出てきます。ＣＳＲの観点からビジネスモデルの転換が要求される場合があり、今後のビジネスはそのことをきちんと理解した上で、展開していく必要があると言えます。

05

経済を支える「生物多様性」

環境問題から派生するものとして、生物多様性を巡る議論があります。特に米国や欧州はこの分野に力を入れています。もちろん環境保護のためでもありますが、生態系や種、遺伝子といったバイオテクノロジーの分野は、ビジネスに大きく影響します※112。

◆自然由来のビジネスの規模

世界経済フォーラムが2020年に出したレポートによると、世界のGDPの半分以上、約44兆ドルが自然資本から生み出されています※113。また、IPBES※114の「生物多様性と生態系サービスに関する地球規模評価報告書」によると、自然由来の医薬品の利用者は約40億人、がん治療薬の約70%は自然由来または自然から着想を得た合成製品であり、花粉を媒介する生物がいなければ生産されない作物は約75%とされて

※112　参照：『生物多様性とは何か』（井田徹治、岩波新書）
※113　参照：「Nature Risk Rising: Why the Crisis Engulfing Nature Matters for Business and the Economy」https://www3.weforum.org/docs/WEF_New_Nature_Economy_Report_2020.pdf
※114　生物多様性及び生態系サービスに関する政府間科学ー政策プラットフォーム（Intergovernmental Science-Policy Platform on Biodiversity and Ecosystem Services）

います。

例えば、森林破壊や水資源の汚染で生物種がなくなると、自然由来の原材料に依存している薬や食品、アパレルの原材料等が調達できなくなります。そもそも農林水産業が成り立ちません。多様性が失われることで、企業の成長にも、その企業に投資をしている投資家の収益にも悪影響があります。

また、建設業やエネルギー関連も含めた開発事業は、自然破壊を引き起こすリスクを抱えています。そうした開発に対する規制が強化されれば、既存の事業にも直接的な影響があります。

世界経済フォーラムが２０２０年に出した別のレポートでは、自然環境にプラスの経済へ転換することで、２０３０年までに年間約10兆ドル規模の付加価値が生まれ、約４億人もの雇用創出効果の可能性があると分析されています※115。

このように、生物多様性を保護しようという動きは、さまざまな面から企業のビジネスにとってインパクトの大きい話なのです。

※115　参照；「New Nature Economy Report Ⅱ：The Future Of Nature And Business」
https://www3.weforum.org/docs/WEF_The_Future_Of_Nature_And_Business_2020.pdf

◆膨大な利益を生む市場

バイオテクノロジーの分野には、ビジネスモデルを創出してより積極的に利益を生み出そうという面もあります。バイオテクノロジーと流通、医療、金融等を結び付けた、いわゆるバイオビジネスです。

身近な例では、多くの食品に使われるトレハロースです。これは土壌中の微生物が持つ酵素を利用して新たな糖質を見つけたことで作られたものです※116。ほかにも、ミドリムシを成分とした化粧品や食品、バイオ燃料※117、あるいは油やプラスチックを分解する微生物や、放射線に耐えるクマムシの研究もされています。

また、遺伝子の資源や情報は、今後莫大な利益を生む可能性があるといわれています。遺伝子を操作するゲノム編集や人工的に生物を創り出す合成生物学の分野が進んでいます。

米国では、精子バンクを利用して子供を産むケースが少なくありません※118。どのような人物の精子を利用するかを指定することもでき、出身大学や身長、特定のスポー

※116　参照：林原ウェブサイト「世界で初めて量産化を実現！夢の糖質「トレハロース」」
https://www.hayashibara.co.jp/data/69/rd_tp_four/
※117　参照：ユーグレナウェブサイト「ミドリムシ（微細藻菌ユーグレナ）とは？」
https://www.euglena.jp/whatiseuglena/

ツ経験等が人気だといわれます。

他方で、人の能力や外見を選択することができるこのような技術の利用を、倫理的な観点からどこまで許容すべきかという問題もあります。今後、世界的なルール・規制が設定される可能性もあります。

◆生物多様性が人類を守る

生物多様性が損なわれることで、直接的に人類に悪影響が及ぶことも考えられます。一例として、新型コロナ禍では、世界中の人たちが感染症のリスクを知ることになりました。これも生物多様性に関連しているといわれます。

森林が減少すると、野生動物が住める範囲が狭くなり、人との距離が近くなります。人と野生動物の接触機会が増えることで、感染が引き起こされる可能性が高まります。これを「エッジ効果」と言います※119（図表15）。

例えば、マラリアやエボラ出血熱といった多くの感染とエッジ効果の強い関わりが報告されてきました。人間社会が森林を切り拓いて開発を進めることで、自然との接点が近くなります。するとそれまで接触することのなかった病原体が人間に移ること

※118　参照：東洋経済ONLINE「何でも入手できる米国『精子バンク』の驚く値段」
https://toyokeizai.net/articles/-/415335
※119　参照：WWF JAPANウェブサイト「算数で解く森林破壊と感染症リスクの科学」
https://www.wwf.or.jp/activities/opinion/4419.html

があります。個々の国の中で収まっていれば風土病で済んでいたけれど、グローバル経済によって感染がどんどん拡大するリスクが現実化したというものです。

また、生物多様性が豊かであるほど、つまり、その地域にいる野生生物の種類が多いほど、動物由来の感染症のリスクは低下するといわれています。これを「希釈効果」と言います[※120]（図表16）。

動物から動物に感染していく過程に感染しない種が挟まることで、人間への感染がストップするということです。これも種が減っていくことで、感

図表15　エッジ効果

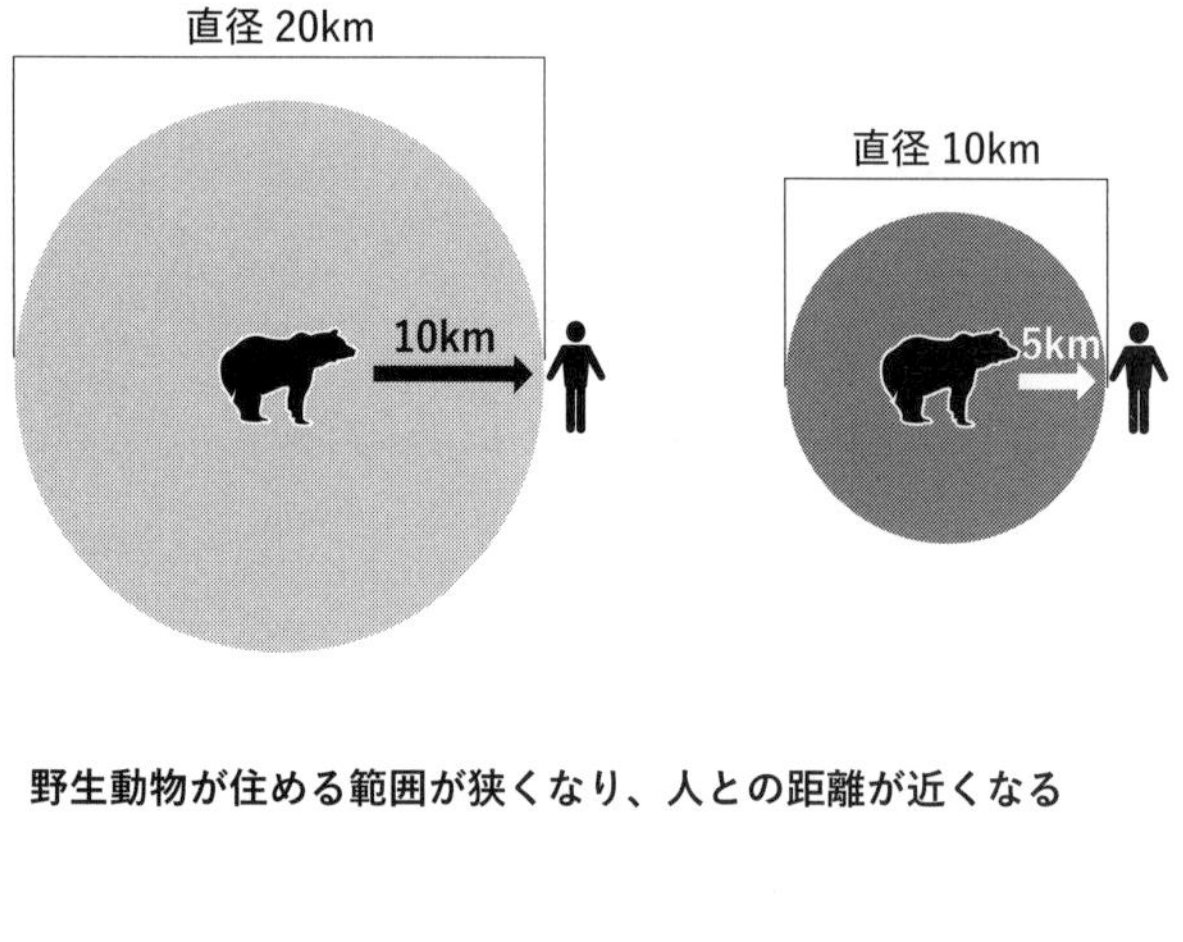

※120　参照：WWF JAPAN ウェブサイト「生物多様性は世界を救う!? 豊かな生物多様性が動物由来感染症を防ぐメカニズムとは」
https://www.wwf.or.jp/activities/opinion/4451.html

図表 16　希釈効果

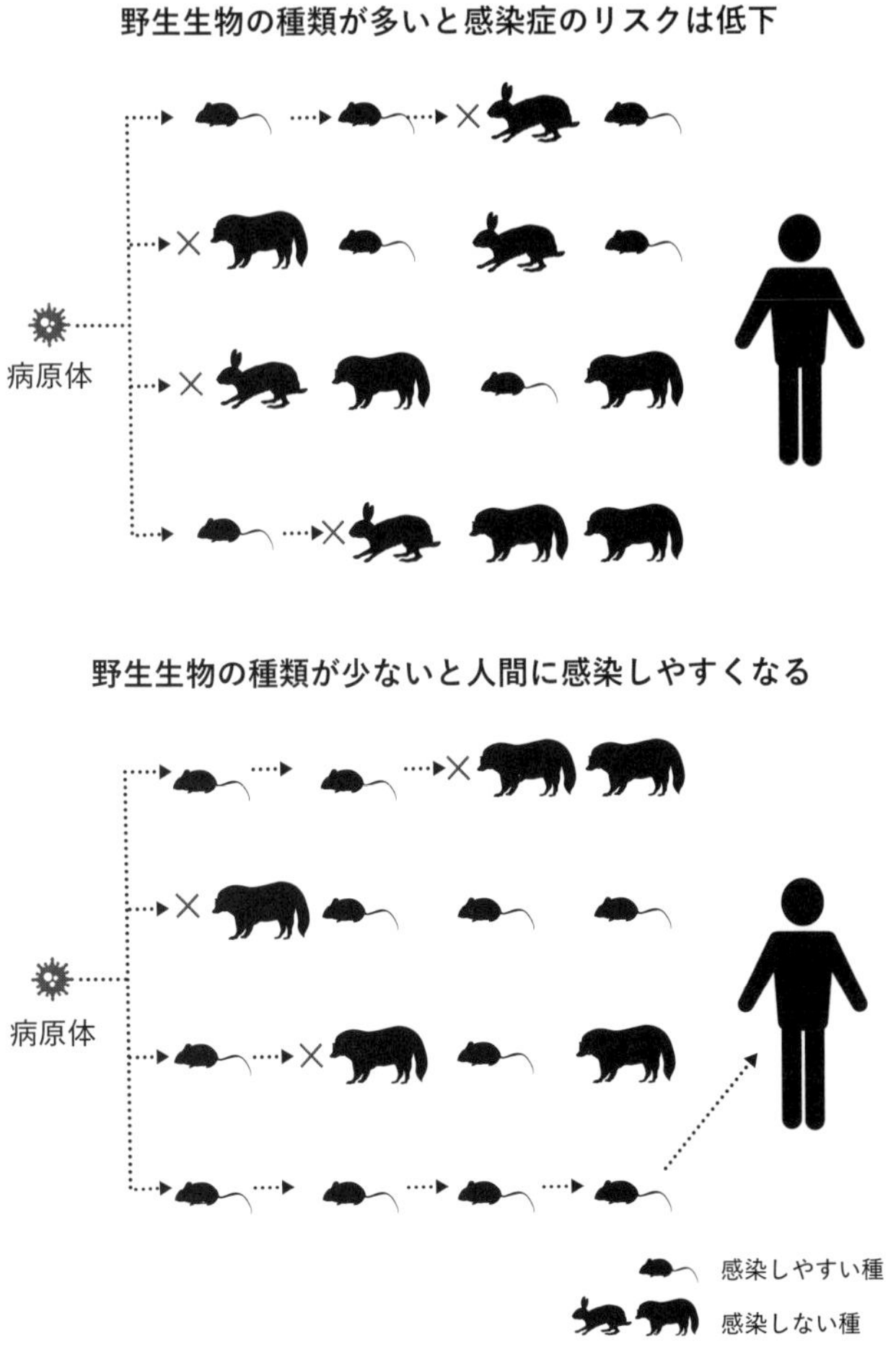
野生生物の種類が多いと感染症のリスクは低下
病原体
野生生物の種類が少ないと人間に感染しやすくなる
病原体
感染しやすい種
感染しない種

染を媒介する種と人との距離が近づき、感染リスクが高まることになります。

このように、生物多様性が損なわれることで、ビジネスの意味でも感染症対策という意味でも、人類への悪影響があります。生物多様性の維持は必須課題になっています。

06

生物多様性保護のために企業がすべきこと

前項で見たように、ＣＳＲにおける生物多様性は、温暖化対策・人権保護等に並ぶ重要課題となる可能性があります。生物多様性を保護するため、企業としてはどのような取り組みをしていけばいいのでしょうか。

◆世界が取るべき行動指針

近年、脱炭素の文脈で使われる「カーボン・ニュートラル」という言葉があります。温室効果ガスの排出量と吸収量を均衡させる、つまり温室効果ガスの排出量をトータルでゼロにしようというものです。政府は、２０５０年までの実現を目指しています※121。

同じようなニュアンスで、生物多様性に関して「ネイチャーポジティブ」という枠組みがあります。自然を優先する、自然を増やす、自然に関する損失をプラスに転じ

※121　参照：環境省ウェブサイト「カーボンニュートラルとは」
https://ondankataisaku.env.go.jp/carbon_neutral/about/

る等の意味で使われています。

例えば、2021年7月12日にCBD※122が、2030年までに世界が取るべき行動指針として「グローバル生物多様性フレームワーク」の原案を発表しました※123。2050年までに実現すべき最終目標の一つとして次のことが設定されています。

「全ての生態系の完全性が強化され、全ての種の健全で回復力のある個体群を支える自然生態系の面積、連結性及び完全性が少なくとも15%増加し、絶滅の割合が少なくとも10倍減少する。全ての分類群及び機能群における種の絶滅のリスクが半減し、野生種及び家畜種の遺伝的多様性が保護され、全ての種における遺伝的多様性が少なくとも90%維持されている」

同フレームワークでは、2030年に達成すべき10個のマイルストーンと21個のターゲットが記載されています。

※122 国連生物多様性条約（Convention on Biological Diversity）事務局
※123 参照：Convention on Biological Diversity「Preparations for the Post-2020 Biodiversity Framework」
https://www.cbd.int/conferences/post2020

◆生物多様性を巡る条約・法律

バイオテクノロジーの発達を踏まえて、遺伝資源を含む生物多様性の包括的な条約の必要性が認識されています。

１９９３年には、生物多様性条約※124が発効しています。

①生物多様性の保全
②生物多様性の構成要素の持続可能な利用
③遺伝資源の利用から生ずる利益の公正かつ衡平な配分

以上三つがこの条約の目的であり、遺伝資源の取得の適当な機会の提供、及び関連のある技術の適当な移転、並びに適当な資金供与の方法によりこの目的を達成するということがうたわれています（同条約１条）。

遺伝資源を利用するのは主に先進国の企業であり、発展途上国がその遺伝資源を提

※124　生物の多様性に関する条約：Convention on Biological Diversity

供することが多くなります。先進国は、自国の企業が取得したからこそ遺伝資源の活用方法がわかるのだとする一方で、発展途上国（遺伝資源提供国）は、遺伝資源の取得・利用に対する対価が支払われていないと主張し、対立が生まれています[※125]。

このように、生物多様性条約は、先進国と発展途上国の利害を調整する性格も持っています。同条約では、先進国が利益を独占するのではなく、利益の衡平な配分をしなければいけない、ということもいわれているわけです。

また、条約という国家間の話にとどまらず、近時、日本人が遺伝資源に関する海外の法令に違反して刑事罰を科された例も複数見られます[※126]。

・2019年に、日本人がエクアドルから許可を得ずに昆虫標本を持ち出そうとしたところ、同国の遺伝子国有財産保護に関する法律に違反したとして刑事罰が科された
・2019年に、日本人が南アフリカから現地法令に違反して多肉植物を採取して刑事罰を科された
・2020年に、日本人がブラジルから許可を得ずに昆虫を国外に持ち出そうとして

※125　参照：『生物多様性とは何か』（井田徹治、岩波新書）
※126　参照：『国際商事法務 Vol.49 No.7』（国際商事法研究所）「遺伝資源の国際取引の課題について－法適用と法執行（上）」（神山智美）

逮捕された

また日本国内でも、「遺伝子組換え生物等の使用等の規制による生物の多様性の確保に関する法律（カルタヘナ法）」によって、遺伝子組換え生物等を用いる行為について、その使用形態に応じて取るべき措置が定められています。近時にも、同法が求める手続きを遵守していなかったとして、日本の上場会社が行政処分を課された事例があります。

◆取り組みの情報開示義務

生物多様性について企業に求められることには、気候変動や人権問題と同じような側面があります。

生物多様性が大事だといっても、日本企業では本格的に取り組んでいるところはまだ多くありません。やはり、「自分の会社には関係がない」「法律違反ではないのだから」という意識があるのでしょう。

そのため、気候変動に関する対策と同様に、金融の流れを変えようという動きが出てきています。企業に開示義務を課し、企業がしっかりと対応しなければ投資家が資金を出さないようになるという方向です。

具体的には、TCFDとほぼ同じような開示の枠組みである、TNFD※127です。ガバナンス、戦略、リスク管理、指標と目標等TCFDと同様の項目の開示を求めるものです。

2022年3月に指針案の第1弾が公表されて、6月に改定案が公表されました。これから企業等からの意見を取り入れて、また2022年11月及び2023年2月に改定案が出された上で、2023年9月に最終的な指針が公表される予定です※128。


ここまで述べたように、企業としては、バイオビジネスを中心とする生物多様性に関連する新たなビジネスチャンスとどのように関わっていくかを考える必要があります。それと共に、生物多様性に関する国内・海外法令の遵守が必要です。

また、企業はすでに気候変動・脱炭素に関する開示対応を求められており、人権に関する開示も進み始めていますが、その次に、必ず生物多様性や自然資本に関する開示対応が求められるようになります。

ただし、温暖化問題の場合、温室効果ガスを何%削減等というように、比較的指標

※127　自然関連財務情報開示タスクフォース（Taskforce on Nature-related Financial Disclosures）
※128　参照：Taskforce on Nature-related Financial Disclosures「TNFD releases second iteration beta framework including initial guidance on metrics」
https://tnfd.global/news/tnfd-releases-second-beta-framework/

がわかりやすく、計測もしやすいのですが、生物多様性は数値を定量化するのが難しいといわれています。何をもって生物多様性が守られたか、向上しているとするのかが測りづらい、ここは引き続き議論がなされている状況です。

第6章

CSRの実践に必要なことは

01

日本企業が抱える課題

ここまで、各種のCSR課題を見てきました。それぞれに必要な対応について取り組む日本企業には、一定の共通な課題・悩みがあるように見受けられます。本章ではそれらの課題について見ていきます。

◆日本企業の課題項目

日本企業のCSR担当者とお話しする中で、CSR課題への対応上の悩みが見えてくることがあります。内容は企業ごとに違いますが、共通して見受けられるものとしては、以下のようなポイントがあるように思われます。

①トップの志・問題意識
②規範の認識と正解志向

③情報発信の重要性
④外部者とのコミュニケーション

また、上記のような個別の対処の前提として、ＣＳＲ課題を捉えるためには、自分とは違う価値観を知ることが非常に重要になります。その点についても触れていきます。

◆企業内部の様相

これらの悩み・課題が生じている原因の一つに、企業内部におけるＣＳＲ課題への取り組み体制があるように見受けられます。図表17は、そのような体制についてデフォルメしたものです。もちろん、全ての企業でこのようになっているわけではありませんが、筆者が実施したセミナーや講演でこの図を見せると、少なからぬ企業担当者から「よく言ってくれた」という声をいただきますので、それほど的外れでもないのでしょう。

この図は、企業が日本国内と海外（あるいは本社と現場）で活動していることを前提に、左側に国内（本社）、右側に海外（現場）の部門を挙げています。

まず、経営陣の方は多かれ少なかれCSR課題に関する重要性を認識されていることが多いのですが、具体的な各論の理解にまでは至っておらず、そのような課題対応をサステナビリティ推進部や、法務・コンプライアンス部門等に「お任せ」するパターンがあるように見受けられます。

CSR課題は企業の現実の事業活動により生じている、または、これに関

図表17　日本企業のCSR取り組み体制の課題

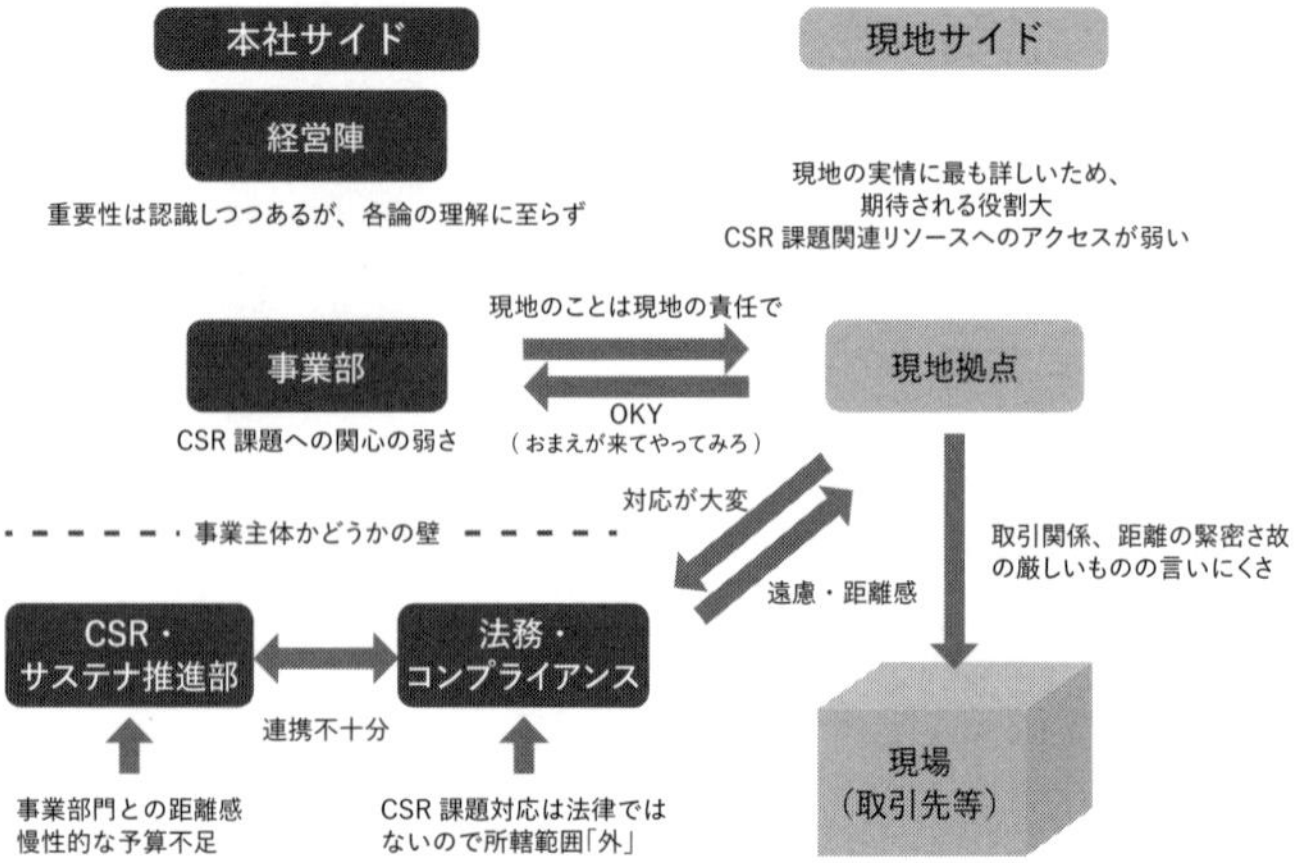

連していますが、往々にしてこれらの中心となる事業部門は売上・収益を生み出すことを第一のミッションとしているため、ＣＳＲ課題に関心がなく、かえって「足かせ」「コスト」と捉えることが多いのではないでしょうか。

経営陣から対応を託されたＣＳＲやサステナビリティの推進部等は、事業部や現場との距離感があることが多いです。そのため、事業遂行のプロセスにおいて当初から十分な連携をすることができなかったり、予算不足等でＤＤ等に十分なコストを避けることが難しい状況にあることが少なくありません。

また、法務・コンプライアンス部門は、ＣＳＲ課題への対処がハードロー（第１章参照）に基づくものではない場合には、自らの所轄外と捉えることがまだまだ多いように見受けられます。

そして、ＣＳＲ課題が生じる（おそれがある）現場においては、例えば、企業の現地法人や支店が、自らの工場やサプライヤー等の取引先と近い距離にあり、それらから情報収集をしたり、課題解決のための働き掛けを積極的に行ったりすることが期待されます。しかし往々にしてこのような現場は日々の業務で多忙を極めているほか、その本社事業部門以上にＣＳＲ課題に関する問題意識を持ちにくい環境にいるため、そのような期待に十分に応えづらいのが実情でしょう。

このような会社の事業構造上の状況が、後述する個別の問題の解決を難しくしている面もあります。社内における認識の共有や連携の強化も考える必要があるのではないでしょうか。

02

トップの「志」が必要

ＣＳＲへの取り組みは表面的なものではなく、会社としての在り方を考えるものです。形だけ対応していても、実質が伴わなければ意味はありません。まずはトップが取り組みに向けた確固たる意識を持つことからです。

◆建前と現実の板挟みになる担当者

ある企業の方から相談を受けたときのことです。「某国で多額の売上が出るプロジェクトがある。これに着手しようとしているのだが、人権の観点からどう思うか」という内容でした。

調べたところでは、内戦状態が続いてきた国での大規模なプロジェクトでした。どうやら現地政府に資金も流れそうで、一見してリスクがありそうな案件でした。

もちろん、そうした場合が一概に駄目だというのではなくて、コストと時間をかけて危険性の有無を調べるべきです。そこで人権DDをする予定があるのかを尋ねたところ、コスト面や事業遂行の部分で難しそうな雰囲気でした。

この企業では、しっかりと人権規範を公表しています。「人権規範を作っていて、それだけリスクがある事業なのに、人権DDをしないというのは少しまずいのでは」とお伝えしたところ理解していただきましたが、事業を推進したい事業部の意向と、限られたコスト等の制約等がある中で、立場上、簡単に割り切れないような様子でした。

◆経営トップのリーダーシップの重要性

このように担当者を板挟み状態に追い込むことなく、会社としてCSRに取り組むためには、事業を行っていく上で何を大事にするのかを、トップが自分の言葉で語り、強いリーダーシップを発揮しなければいけない。トップがそうしない会社では、従業員は怒られたくないからと「正解」を探します。

もちろん自分の言葉を持つトップも存在します。そうした人たちの多くはファウンダーであったり、「パーパス」や「志」と呼ばれるものを持っている経営者の方々です。

ＣＳＲに取り組む際にも、その軸が判断基準になるわけです。しかしながら、そのような「志」や判断基準がなければ、どうしても「どう対応したら各方面からの批判を受けずに済むか」「やり過ごせるか」という、その場しのぎ的な対応を志向しがちになります。そのような「志」がこもっていない対応は、外からはすぐに見破られてしまいます。結局は批判が止まらないという、望まぬ結果にいたる場面も多いのではないでしょうか。

◆決してハードルの高いことではない

日頃から事業運営で精一杯の経営者の方にとって、「志」を持てと言われてもハードルが高いと感じられるかもしれません。しかしCSR規範に書いてあるのは、「人を無理やり働かせてはいけません」「差別はいけません」「自分の思ったことを口にしていい」「自由に移動できるべき」等といった内容であり、それらは、悪いことをするなというだけの話です。企業としては、そこに賛同、実践すればいいだけです。本質的にはハードルの高いことではないはずです。

ただし、「これは対処しなければいけないことだ」と腹から思っていなければ何もできません。多くの企業ではすでにCSR規範等が定められていますが、仏だけを作って魂が入っていないケースが存在するのも事実です。

CSR活動の実践には志が必要です。志がなければ、人権侵害も環境破壊も他人事になってしまいます。

経営者の方には、是非「志」に従い、魂のこもったメッセージングを通じてリーダーシップを発揮していただきたいと思います。そうすれば、おのずと、どのような社内体制を構築すればよいか、そのために必要な予算の確保等、会社の事業構造上の課題への対処の道筋も見えてくるのではないでしょうか。

03

規範の認識と正解志向

ＣＳＲ課題に取り組むときに、具体的な方向性、対処の指針・基準となるのが、各種のＣＳＲ規範です。日本企業の皆様とお話をしていて感じる、各種の規範の実務での考え方や用い方における課題についてお話しします。

◆各種規範を知る

まず、各種のＣＳＲ規範について、その存在や内容がそもそも正確に認識されていないことがとても多いように思われます。筆者が「ビジネスと人権」についてセミナー等を実施した際のアンケートでも、基本的な規範である国連指導原則について、「その内容を正確に理解していない」という回答が半数近くに上ったことがあります。

このような各種規範は、国内法とは異なり、原文が日本語以外のもので和訳が入手しづらい、またはタイミングが遅くなる、注釈や解説等の（特に和文の）資料の入手のハードルが高い等、情報に接しづらい環境にあるのは確かです。

しかし、最近では、日本の官公庁や政府関連機関による和訳が提供される等、関係者の努力により、このような環境が改善されつつあります。

例えば、「ビジネスと人権」については、日本貿易振興機構（ジェトロ）が海外の法令・ガイダンスの和訳や、政策と企業への適用・対応事例の公表等、関連する各種情報を集約したとても充実したサイトを設けています※129。

企業がCSR課題へ適切な対応をするための第一歩は、CSR規範の正確な理解です。まずはこのような情報源の積極的な活用や、専門家による各種のセミナーへの参加等を通じて理解を進めることが大事です。


各規範では、難しい言葉が使われます。「デュー・ディリジェンス」「サプライチェーン」「ステークホルダー」「エンゲージメント」。企業の方に説明をしていると、「よくわからない」と言われることも多い。

外国語なのですから、わからなくて当たり前です。でも、語学であればみんな勉強します。あるいはピアノを弾くのであれば、楽譜の読み方を勉強します。日本語とは別にCSRという言語があると考えて取り組まれてはいかがでしょうか。

※129　参照：JETRO ウェブサイト「特集 サプライチェーンと人権」
https://www.jetro.go.jp/world/scm_hrm/

◆「唯一の正解」の不存在

このように、ＣＳＲ規範は企業の具体的な対応の基準となるものです。しかし各種規範の中には抽象度の高いものが少なからずあり、はっきりとした正解が記載されていることはほとんどありません。つまり、具体的に「何をするか」は各企業に委ねられています。そのため、私たちが日本の企業にＣＳＲに関するアドバイスをするとき、先方からの質問に多いのが「何が正解ですか？」です。

法律であれば、多くの場合、これをやらなければいけない、やってはいけないという正解が比較的明確です。しかし、ＣＳＲには明確な「正解」が存在することのほうが少ないと言えます。

前述したようなＣＳＲ規範はあくまで原則であり、フレームワークです。つまり「考え方」が書かれているだけで、多くの場合、具体的に何をすればいいのかというところまでは示されていません。これはどのような対応をするかが場面ごとに異なるからです。ある場面で正しい対応がほかでもそうとは限らず、マニュアル思考的なアプローチが内包するリスクです。

個別具体的な対処が場面ごとに異なることに加えて、社会的変化に応じてＣＳＲ課題も変化する側面があることにも留意が必要でしょう。

例えば「ＬＧＢＴＱ＋」については、２０１０年代以降議論が活発になってきています。

あるいは、１９９０年に米国で出版された『判事スペンサー　異議あり※130』という本の中では、「同一労働同一価値」について触れられています。日本では近年になってようやく議論されるようになったことが、米国では30年前から言われているわけです。

このように、時間の流れや文化によって、ＣＳＲ課題はさまざまに変化していきます。社会は変化し続けるものであり、当然その時々によって、求められるものが変わる。しかも、その変化のスピードは非常に速くなっています。そのため、「何をすればいいのか」に正解はなく、常に考えていなければいけません。

戦後の日本ではとにかく経済が優先されました。個人には、与えられた問いに対する正解を出すことが求められていた。だから「正解は？」となってしまいます。まず、

※130　日本語版：ヘンリー・デンカー著／矢沢聖子訳、文春文庫

その思考を変えるところから始めましょう。

正解ではなく、社会の変化に応じて、その時々のベストプラクティスを考えていく。自由に考えて大丈夫です。人として、企業として、どんなことを守らなければいけないのかと考えれば、取るべき行動はおのずと見えてくるはずです。

◆ＣＳＲはグラデーションのある中での正解

人権問題や環境問題が大事だという一方で、人間は当然食べていかなければいけません。企業としては売上を上げることがその存続のための最優先課題の一つです。

一方で、例えばイギリスでは取締役は株主の利益だけではなく、従業員を含むステークホルダーのことも考えなければいけないと明文化されています。

しかしそれは、「従業員至上主義にすべきだ」と言っているわけではありません。その時代に合わせていく中で、我が国においてもかつて通説だと思われていた株主利益至上主義が見直されている。政府も「新しい資本主義」だと言っている。利益にも従業員にも傾き過ぎないバランス感が、グローバルスタンダードとして求められています。

株主利益のために賃金を下げることには正しくない場合が存在し、賃金を上げて企業が潰れていいかといえばそれも違う。ＣＳＲは濃淡のグラデーションがある世界であり、その中で「ゼロか１００か」ではなく、どこがベターなのかを考える必要があるのです。

04

取り組みを対外的に発信する

ＣＳＲでは、ただ取り組んでいるだけではなく、企業としてどんな課題にどのように取り組んでいるか、対外的に発信することが必要です。それが、会社としての評価やブランディングにも繋がっていきます。

◆日本企業は発信が苦手？

第三者の視点で、企業のＣＳＲ活動を評価する組織があります。彼らは企業のウェブサイト上のＣＳＲに関わる発信をチェックしています。つまり、企業側から発信しなければ、どんなに良いことを考えて実際に行動していても、基本的には評価されません。

しかし、自社のＣＳＲ活動について語りたがらない日本企業もまだまだあるように見えます。評価組織が会社に来て「ＣＳＲをどう考えていますか、どんな活動をしていますか」と聞いてくれれば答えることができますが、そんなことをしてくれるとは限らないわけです。

ホームページ上でも株主総会での発言でも、サステナビリティレポートの提出でもいい。目に見える、耳に聞こえる形での発信が重要です。

では、なぜ発信をしないのか。「内心のことは口にすべきではない」という意識もあるでしょう。「政治マターとも捉えられかねないセンシティブな問題に企業が関わるべきではない」といった認識もあるのかもしれません。

ただ、大きいのは「間違ったことを言いたくない」という意識でしょう。

例えば、国際機関等の会議の場では、みんな積極的に手を挙げて我先に発言をする光景がよく見られますが、必ずしも聞き取りやすいとは言えない英語で、趣旨不明朗な発言がされるケースも珍しくありません。しかしどんなに優秀でも、そもそも発言しなければ評価されません。まずは「言うこと」の大事さを過小評価しないことが重要です。

先ほど述べたように、ＣＳＲに正解はありません。高い評価を得ている企業でも、その内容の全てがすばらしいものばかりではありません。

日本はある部分で減点法の考えの強い社会です。怒られないために、馬鹿にされないために余計なことは言わない。それが日本の文化であり、積極的な発言は難しいのかもしれません。それを頭ごなしに否定すべきではないとは思います。

ただ、見せ方が上手な企業が評価される一方で、現場では労働安全衛生や労働環境を頑張っている日本企業が、プレゼンが下手なためだけに低いスコアで評価されることもあります。これは非常に悔しく、もったいないことではないでしょうか。

◆規範に沿った表現の大事さ

このような情報発信に当たっては、ＣＳＲ規範に沿った形で行うことが重要です。筆者はよく「お作法」という表現を用いています。

例えば、最初にこの規範を守りますと宣言する。そして、「このリスクのアセスメントをするためにこういう活動をしました」「こういう関係性を持つことが判明したので、対応のためにＣＳＲ規範が求めているこの是正措置に従って、こういう措置を取りました」「今後も追跡調査を行い、しかるべき公表をします」といったような形です。

ここで大事なのは、規範の枠組みの中で使われている言葉やコンセプト、ロジックに忠実であることです。

ある企業の方に、従業員の人権状況を確認するためにどういう施策を取っているかを聞いたところ、「目安箱を設けている」「従業員と定期的に飲み会をやっている」と答えられました。それも立派なエンゲージメントですし、内容としてもCSR規範に則したものであるかもしれません。ただし、「目安箱」や「飲み会」と言っただけでは適切に評価されません。内容はもちろんのこと規範に沿った表現様式であるかによっても評価が変わり得るのです。

そういう表現様式で表現しなければならないとわかったら、行動にもそれが反映されるという効用もあるでしょう。「規範に沿って表現するためには、こういうデータを取らなければいけない」「どういう仕組みにしておけばいいか」と考えられるようになる。闇雲に取り組むより効率的です。

05

ＮＧＯ等外部者とのコミュニケーション

企業にＣＳＲ活動を推奨するＮＧＯやＮＰＯが存在します。日本では誤った捉えられ方をされがちですが、万能ではない立法や行政とＣＳＲに取り組めない企業、対応が必要な現場との橋渡し役とも言えます。その本質について考えましょう。

◆対話することに意味がある

ＣＳＲに関するＮＧＯやＮＰＯは、普段から各企業のＣＳＲ課題への取り組みをウォッチし、各種の指摘をしています。

人権問題の例であれば「御社はミャンマーで事業をしていますが、ミャンマー国軍関係者にお金を払っていますよね。人権侵害者であるミャンマー国軍に対する加担行為に当たるため、すぐにやめなさい」といった指摘をします。

環境問題であれば、石炭発電プロジェクトに融資している銀行に対して「石炭火力発電による環境破壊行為に融資するということは、環境破壊に加担することになる。融資を引き上げてください」と指摘してきます。

そうした指摘を受けて「とりあえず聞いてみようか」という企業もあれば、門前払いする企業もある等、そのスタンスはさまざまでしょう。あるいは「検討する」と回答し、取締役会でそれを否決するといったスタンスだけのアピールをする場合もあります。

最近では、積極的にコラボレーションする例もあります。例えば、サプライチェーンの中で海外の労働環境が悪い場合、自社だけでは見切れないから、現地のNGOに協力してもらうといったケースです。今後は、企業がNGO出身者を役員として迎えたり、会社のアドバイザリーボードに参加してもらったりというケースが増えてくるでしょう[※131]。

NGO・NPOに対して「人権ゴロだろう」「人権をネタに金儲けをしようとしているだけじゃないか」といった見方をされることがあります。企業のディープポケット（十分な財力）を狙っている団体がいる可能性は否定し切れませんが、他方でこの認識はいくつかの誤解に基づいています。

※131　参照：日本経済新聞電子版 2021 年 8 月 4 日「『NGO、欧米では論理基盤』枝広淳子氏」
https://www.nikkei.com/article/DGXZQOUC234BZ0T20C21A7000000/

まず、まっとうなＮＧＯ・ＮＰＯが批判を止めること等の見返りとして、金銭を要求することは基本的にありません。国際的にしっかりとした団体は十分にファンドされているため、そのようなことをする必要がないからです。

次に、批判の裏側には、ＮＧＯ・ＮＰＯに対する「清貧でなければいけない」といった発想があるのかもしれません。環境破壊や人権問題を議論している人が高級ワインを飲んでいる姿を見れば、不快に感じる人がいるのも想像できます。しかし、社会課題解決の活動をするということと、清貧であるかどうかはまったく関係のない話です。

もう１点。対話した以上、企業側は必ず団体の言うことを聞かなければいけない、あるいは何らかの妥協をしなければならないという誤解があるようにも見受けられます。

何かを指摘されたときに、聞くべきことだと考えたら取り入れればいいし、そうでなければ「ありがとうございます。ご意見を承りました」といった返答でも問題ありません。実際のケースでも、折り合いが付かないことは多数あります。

大事なのは、実際にやりとりをすることです。社会には、自社にはどんなイシューがあるのかを捕捉する一つの材料とする。対話自体に意味があり、評価されるのです。

◆困っている人たちの代弁者

ＮＧＯに対して、「あなたたちは行政組織でもないし、指導事項は法律で決まっていることでもない。われわれと取引もなければ、顧客でもない。何の資格があって指摘や批判をしてくるのか。ビジネスのことなんてわかってないじゃないか」という見方がされることもあります。

これは、世の中の社会課題の解決のためのメカニズムの見方に起因しているように思われます。

そもそも、立法や行政が全ての社会課題にまともに対応できると考えている時点で、ギャップが生じています。どれだけ優秀な行政であっても、税金の使い方は限定されます。思い切ったことはできずに、どうしても官僚主義的（保守的）になる。また、国によっては汚職が横行していたり、政府として十分に機能していないこともあります。

法律を含めた政策も、政治のプロセスを経て決定しているわけですから、その中では、妥協しなければいけないことがある。また、行政や立法は目の前の問題をストレートに解決できるような構造には必ずしもなっていません。だからこそ、ソフトローができるわけです。

では、行政だけではできないことを誰がするのか。その大きな役割を担っているのがＮＧＯ・ＮＰＯです。

事業活動の担い手は、日々の業務に必死ですから、社会課題のことばかり考えているわけにはいきません。世の中全体でＣＳＲ課題に取り組んでいくために、ＮＧＯ・ＮＰＯは私たちの手の届かないところをカバーしてくれるわけです。

そう考えれば、企業も話を聞こうと考えるはずです。ＮＧＯ・ＮＰＯの人たちも霞を食べて生きているわけではない。公務員やビジネスマンと同じようにちゃんと仕事をしているのだから、お金をもらうのも当然です。

社会課題があるということは、そこに困っている人たちがいるわけです。そこに目を向け、その人たちの声を代弁する人のいうことを聞いていくこともまた、重要な対応策の一つと言えます。

06

CSR課題の把握のために

先述の通り、CSR課題は常に変化します。また、それらを巡る企業と社会のギャップは、価値観の違いやその認識の相違から生まれています。CSR課題の理解のためには常に外部から情報収集をしておくことが大事です。

◆異なる立場との対話が必要

某企業で、東南アジア国籍の人に研修でトイレ掃除をさせた結果、その人が「人権侵害である」と主張して大問題になったという事案があります。

なぜこんなことが起きたのか。一部の日本企業では、トイレ掃除が精神修養になるとされています（ただし、業務上不要であったり、能力と掛け離れている場合には日本でもパワハラになり得ます※132）。それが正しいかどうかの議論は別として、企業としては良かれと思って研修に取り入れたわけです。当然、外国人だけではなく、日本

※132　参照：日本経済新聞電子版2012年5月5日「パワハラ、上司も部下も要注意　厚労省定義チェック」
https://www.nikkei.com/article/DGXNASDF2701D_X20C12A4I00000

人の研修生もやっています。

しかし、トイレ掃除を仕事そのものではなく研修として行うことは、その外国人の出身国の文化ではあり得ないことでした。

東南アジアのある国では、仕事の中身と立場が細かく分かれています。例えば、その国ではお茶出しは「ティー・レディ」という専門職種の人の仕事です。秘書にお茶出しさせることは非常識であるという文化があるのです。

トイレ掃除はそれを業務としてやることは立派な仕事であり、それ自体の問題ではなく、ここでは、それを業務や研修として行うことを想定していない人に対して、あたかも当然のようにそれをさせたという点が問題です。

このケースで足りなかったのは、「対話」です。

事前に「日本では精神修養としてトイレ掃除をやっている。君たちはどう思う?」と聞いていれば、問題はここまで大きくならなかったはずです。「自分の国ではこういうことはやりません」と聞いていれば、「じゃあ別の訓練にしようか」ということになる。

さらに言えば、働く前にトイレ掃除があることを社員がわかっていれば、そもそも入社しなかったかもしれません。そうであれば企業は違う人を探せばいいし、働く側は違う会社を探せばいいだけです。

文化の違いがあるだろうということを考慮して、本人の意思を聞けばよかった。対話がされなかったことによって、このような大問題に発展してしまいました。

◆あえて聞きたくない話を聞く

他人との考え方の違いを正確に理解することは困難です。しかし、まずは人それぞれに考え方や価値観の違いがあるということを認めることが大事です。そのためには、他者の言葉に耳を傾ける姿勢が欠かせません。

日本は極めてハイコンテクストな文化（背景・文脈を読み取る文化）といわれます。「阿吽《あうん》の呼吸」があり、言わなくてもわかるだろうと。しかし、言わなければわからないこと、聞かなければわからないことはたくさんあります。議論をするのが恥ずかしいという意識や、「仲間内で楽しくやっているのに難しいことを言い出すな」といった空気もあるのではないでしょうか。

また、日本企業によく見られる光景として、似た者同士で仲良くしているということがあります。

同じような学歴や背景の人が集まりやすい環境にないでしょうか。海外売上の比率が高い某大企業で、海外駐在経験者が社員の2割程度だと聞いて驚いたこともあります。国内の売上が大半の企業であれば、外国生活の経験が一生ない人のほうが多いのではないでしょうか。

あるいは、海外に出ても日本人同士で行動することが多いといったこともあります。筆者自身もやってしまいがちですが、連日日本人が運営する居酒屋で会食し、週末は駐在員同士でゴルフをする。そうしてその国の人々や他国から来ている人たちとあまり積極的に交流しないケースが多いようにも見受けられます。

自分と似た属性の人たちと一緒にいるのは心地の良いものですし、ただでさえ仕事で厳しい環境の中で、あえて苦手なことをしたくないというのはよくわかります。しかし、そのようなコンフォート・ゾーンからあえて少し離れることが必要です。自分とは異なる考え方と接し、時には多少の痛みを感じながら、相互理解が容易ではないことや、自分とは違う価値観や思考様式の違いを少しでも知ることが社会課題を理解することにも通じるのではないでしょうか。

そのためには、企業側には研修や、業務ローテーション、出張等の方法でそのような機会をより多く設けることが求められます。また個人の側でもそのような機会を社内外に積極的に探りに行くことが求められています。

◆情報が偏らないように

CSR課題のタイムリーな把握のためには、情報収集のアンテナを立てておくことが重要です。

なぜなら、世の中が変わるからです。しかもかなりのスピードで。ここ数年でも、いろいろな面で状況はまったく変わっています。

詳しくはなくてもいいから、CSR課題というものがあることを気に留めておきましょう。アンテナの高さは人それぞれで問題ありません。普段から少しだけ意識しておくといった程度で十分です。

ネットやテレビ、SNS等、誰でも情報収集のフローがあると思います。その中にCSR課題のことも少しだけ含める。例えば、夜のニュース番組では、事件報道以外に最近の社会課題を取り上げているものが少なくありません。また、それらに対する企業の取り組み例の紹介等、参考になるものもあります。海外の報道を紹介する番組等では、普段は見聞きしない世界の出来事等を紹介しています。

週に1度でもいいので、いつも見ているチャンネルを変えてみてはどうでしょうか。Netflix等の動画配信サイトで社会課題を取り扱った映画を観たり、YouTube等で社会課題について発信している人の動画を観たりするのも有効です。

気を付けなければいけないのは、人は結局自分の好きなものしか見なくなりがちだということです。

最近は、これだけ情報が溢れているのにもかかわらず、偏った情報しか目にしない傾向があります。例えば、情報収集のツールとして、ニュースアプリを使う人も多いのではないでしょうか。いろいろなタイプがありますが、自分の興味のあるジャンルにカスタマイズされるものが多い。

どんなニュース記事をタップしたかや、どれくらいの時間見ていたか等のデータからＡＩが判断して、個人にカスタマイズしたニュースを送るわけです。

以前、そうしたアプリを開発する企業の人に、「それだけだと一般教養や社会常識がおろそかになるのでは」と聞いたことがあります。すると、「読んでおくべきだというニュースは、ＡＩの判断にかかわらず配信しています」という答えでした。それも誰かのフィルターでしかないわけです。

人はインターネットの世界に行って多様な事柄に触れているようで、実際は偏っているものです。意図的に自分の興味とは違うものを見るようにしましょう。

第7章

これからのCSR

01

テクノロジーがもたらす人権侵害

社会的課題を解決するには大きな技術変革が必要です。しかし、変革は同時に問題を生み出します。CSRの観点からは、技術変革が格差拡大に寄与しないか、新たな人権侵害を引き起こさないか、民主主義への影響が生じないか、という観点から検証すべき問題も存在します。

◆AI車で事故が起きたら

AIの普及は、21世紀における重大な課題です。多大な進歩をもたらす一方で、考えていかなければならない新しい問題を発生させます。

例えばAIを自動車に搭載すれば、交通事故の大幅な削減が期待できます。2019年の資料によると、交通事故による世界の年間死者数は135万人とされています[※133]。多くの尊い命を守ることになれば、技術進歩によるこれほどの恩恵はないでしょう。

しかし同時に、事故が発生した場合の責任問題という議論が生まれます。

これまで、事故の原因が運転手にあれば、当然本人に責任があるとされていました。これがもしＡＩが原因で交通事故を起こした場合、誰に責任があるのでしょうか。車の所有者なのか、メーカーなのか、ＡＩのアルゴリズムを設計した人なのか、議論されているところです[※134]。

また、アルゴリズムの設計方法についても議論が生まれています。

有名な哲学の問題に「トロッコ問題」というものがあります。日本でも教育現場で取り上げられ、物議を醸しました。

「トロッコが走っていて、そのまま進むと3人をひき殺すことになる。いまボタンを押してポイントを変えれば、トロッコの進む先が変わり、3人は助かる。しかし、そちらにも1人いて、ポイントを変えることでその1人を殺すことになる。取るべき行動はどちらなのか」

※133　WHO 発表「道路交通安全のための行動の 10 年」による
※134　参照：①国土交通省ウェブサイト「自動運転における損害賠償責任に関する研究会」
https://www.mlit.go.jp/jidosha/jidosha_tk2_000065.html
②『ジュリスト 1574 号』（有斐閣）「新技術と法の未来⑥自動運転」（小塚荘一郎他）

搭乗者がＡＩ車に乗っていて前方にいる3人をひきそうなとき、ＡＩ車が回避行動を取れば障害物にぶつかって搭乗者1人の身に危険が及ぶとします。このときにＡＩは3人を助けるのでしょうか、それとも1人を助けるのでしょうか。

単純に考えれば、ＡＩは3人を助けそうです。

では前提を変えて、その3人の生涯年収が合計3億円で、1人は生涯年収が10億円だったとします。その場合、ＡＩはどちらを選ぶでしょうか、あるいは登場人物が子供と老人では検討基準が変わるのでしょうか。

図表 18　AI 車のトロッコ問題

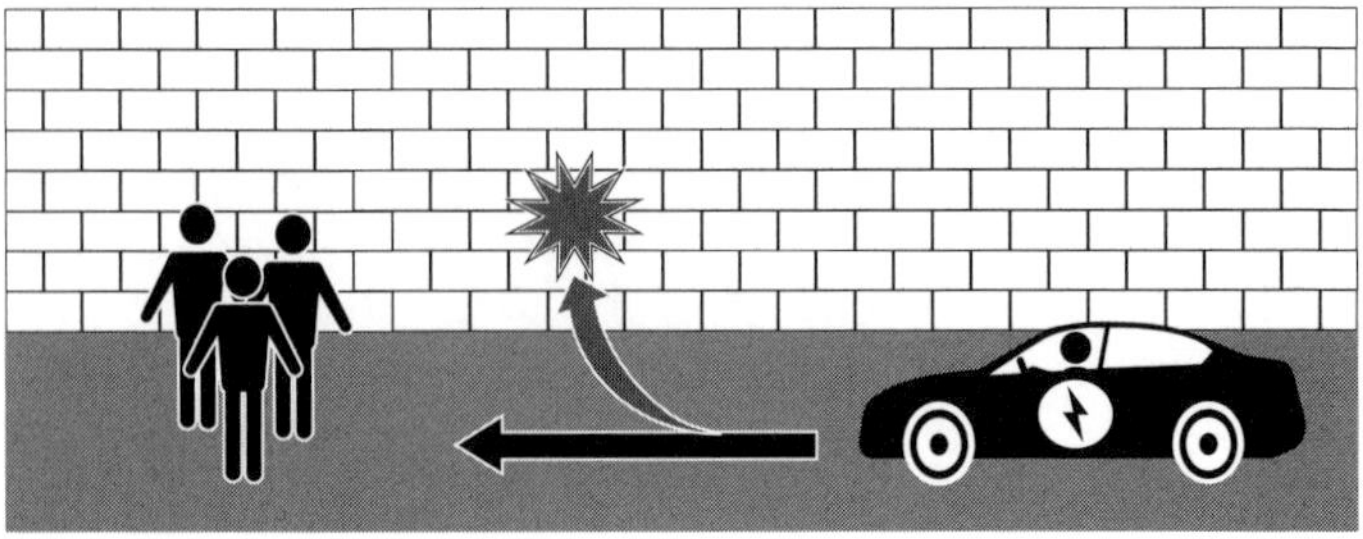

このような大事なことをアルゴリズムで決めていいのか、という議論です。

「ＡＩは便利で交通事故を防げる」

それは事実でしょうが、世の中に１００％正しいことはありません。前述の例のように多数の安全を確保できる一方で、侵害される人権があるのだとすれば、そのバランスをどのように取っていけばいいのでしょうか。そういったことを含めて考えていかなければならないところに、この問題の難しさが存在します。

column

AI同士のカルテル

近時は、AIを使ったデジタルカルテルの違法性が議論されています。デジタルカルテルとは、人の話合いではなく、アルゴリズム等を用いた価格決定によりカルテルが形成されることを指します。

公正取引委員会の報告書では、次のようなことが書かれています※135。

「アルゴリズムによる協調的行為の中には、アルゴリズムの利用及び価格の同調について明示の合意がある場合と、明示の合意まで認められない場合がある。

※ 135　参照：公正取引委員会ウェブサイト「（令和３年３月31日）デジタル市場における競争政策に関する研究会 報告書「アルゴリズム/AIと競争政策」について」
https://www.jftc.go.jp/houdou/pressrelease/2021/mar/210331_digital.html

後者であっても、複数の利用事業者がアルゴリズムの働きを理解し、互いに価格が同調を認識・認容した上で当該アルゴリズムを用いている場合には、意思の連絡があると評価できると考えられる」

◆新技術が生む格差

新技術がもたらす新たな課題の一つが、格差問題です。

例えばＡＩ車の普及は、通信施設とのコネクトが重要になります。通信施設の普及・発達は必然的に移動の必要性を減らし、二酸化炭素の減少ももたらします。

しかし、通信施設の普及は利用者の需要によります。需要が少ないと普及せず、結果としてデジタルデバイドの問題も発生します。

また世界的には、ＥＶについての格差の問題が存在します。

例として、電気の供給施設の問題です。石油自動車はガソリンスタンドで燃料を補充できますが、ＥＶは電気です。現在は家庭での充電が主ですが、将来的には公共の場で供給を受けるようになるはずです※136。

※136　参照：WIRED ウェブサイト「EV の時代？ いったい都会人はどこで電気自動車を充電すればいいのか？」
https://wired.jp/membership/2022/04/27/wait-so-where-will-urbanites-charge-their-evs/

ただし、これが全ての地域で可能とは限りません。高所得者層が住む地域では、みんなＥＶを買っている。だからＥＶの電気供給施設を作る。これは問題ないでしょう。一方で、低所得者層地域では10人に１人しかＥＶを持っていないということになると、その人のためだけに公共の場に供給機械を置くことが正しいのかという議論も生まれかねません。

このように、所得格差を理由に、新技術を扱えるか扱えないかという問題が起きてきます。技術の恩恵にあずかれない人をどうするのか。他方で、地球環境のためにはやはり現状を変えていかないといけない。新技術を巡るＣＳＲの議論には、こうした難しさがあります。

02

新しい資金調達法が抱える課題

企業がビジネスを継続・拡大するには、資金調達が欠かせません。この分野でもさまざまな技術が生まれていますが、課題も隠されています。資金調達は、CSRとどのような関係にあるのでしょうか。

◆AI審査の問題点は

従来、日本企業の資金調達は主に株式資本と銀行融資の二つから成り立っていました。融資の形態としては不動産担保融資が盛んですが、それだけでは個人やベンチャーの資金調達等に支障が生じるので、無担保融資も行われています。

無担保融資を実行する際には、金融機関が債務者の信用力を測ります。具体的には収入や年齢、職歴等をもとに総合的に判断することになります。

その判断は、これまで「銀行マン」と呼ばれる人たちの職人的なノウハウによるものでした。しかし近年では人材不足やコストの削減もあり、ＡＩやビッグデータを使った信用判断も生まれています。

中国は「胡麻信用」等のように、個人データを使った信用判断に積極的といわれます。ユーザーは身分証やクレジットカード、保有不動産等の個人情報を入力し、ＡＩが個人の信用度をスコア化します。

他方で、このような情報の収集にはプライバシー侵害等の危険があるとの指摘もあります。欧州ではこうした技術に対して、比較的慎重な姿勢が示されており、欧州委員会では２０２１年にＡＩ規制案が公表されています。許容できないリスクを伴うＡＩシステムとして、「その者の意識を超えたサブリミナルな手法」「年齢、身体的または精神的障害に起因する特定の人間の集合の脆弱性を利用すること」等が挙げられています。

こうした議論がある中で、日本はどちら側に立つとも言えない状況ですが、２０２２年の４月に、パーソナルデータ＋α研究会による「プロファイリングに関する最終提言[※137]」が発表されました。

※137　参照：https://wp.shojihomu.co.jp/shojihomu_nbl1211

結局、ＡＩ審査の問題は何なのでしょうか。概括的に言えば、次のとおりです[※138]。

①プライバシー侵害
②アルゴリズムがブラックボックス化していること
③アルゴリズムの適用により差別が生じ得ること
④データの偏向が存在し得ること

ここに、ＡＩ審査は人権保護の観点から許容されるべきか、という問題が存在することになります[※139]。

column

アルゴリズムを巡る訴訟

某グルメサイトが評価を不当に下げたことで客足が減ったとして、焼肉チェーンがサイトを運営する貸家に対して損害賠償等を求めた訴訟があります。東京地裁は２０２２年６月16日に、「優越的地位の濫用に当たる」として請求の一部認容判決を下しました。評価が下がった原因がアルゴリズムの設計にあった場合、日本においても、アルゴリズムを巡る訴訟は増えていくのでしょうか。

※138　参照：『法律時報 94 巻 5 号』（日本評論社）「AI と憲法（上）」（山本龍彦）
※139　参照：① AI における悪意・バイアス・検証不可能の不可視性の参考として：『コンピューター倫理学とは何か』（ジェームズ・H・ムーア）
②その他法規制の参考として：『金融法務事情 2187 号』（きんざい）「与信 AI に法規制はなされるか」（森田岳人他）

◆クラウドファンディングと不正

近年は、株式調達、銀行融資に続く第３の方法としてクラウドファンディング※140が盛んになっています。

クラウドファンディングの法的構成はさまざまですが、一般的にはエクイティ方式、寄付（贈与）方式、購入（売買）方式等が存在します。

クラウドファンディングは、ＣＳＲを始めとする社会的課題を解決するために使われることも多いと言えます。いわゆる「ソーシャルレンディング※141」で支援することもあります。

問題なのは、一般個人にはベンチャーの財務内容がわかりづらいということです。そのため、一般個人としてはベンチャーに対する投資を専門に行う企業を経由して、あるいはベンチャー向けの格付けを行う企業の評価を参考に、投資を行うことがあります。

他方で、不祥事が発生するケースもあります。事例として、自然エネルギー開発名

※140　群衆（crowd）と資金調達（funding）を組み合わせた造語といわれる
※141　個人投資家と資金の必要な企業を結び付けるインターネット上の支援方法のこと。対象会社と個人投資家を直に繋ぐマーケット形態や、個人投資家のお金が紹介会社を経由するファンド形態等がある

目で出資を募ったにもかかわらず、別目的で使用した法人に対する訴訟について、東京地裁は2022年7月22日に約6億円の一部認容判決を下しました※142。今後は行政による規制にも留意が必要です※143。

◆金融界を変えるフィンテック

金融界の変化はAIのみにとどまりません。フィンテックの波は確実に金融界に変化を要求しています。

「フィンテック」とは、ファイナンシャルとテクノロジーを組み合わせた造語です。昔は銀行に用があれば銀行に行っていましたが、いまはインターネット、スマートフォン、コンビニでも用が済ませられる時代です。金融機関側から見れば、そういう手段を通じて消費者に接することで、社会的課題を解決することもできます。

社会的課題を解決したフィンテックとして有名なのは、ケニアの「エムペソ」という携帯電話を使った送金システムです。

ケニアは都市化が進む一方で、開発の進んでいない地域も多く残されています。都

※142　参照：『朝日新聞デジタル2022年7月26日』
※143　具体的な問題事例の参考として：『金融法務事情2187号』（きんざい）「貸付型クラウドファンディング（ソーシャルレンディング）の規制に関する考察」（芝章浩他）

市部の人は資金調達ができて、新しいビジネスや勉強ができる環境にあります。しかし都市部以外の地域の人は、銀行に行くにもバスを乗り継いで移動しなければいけません。これが中央と地方での格差が広がる一因となっています。

携帯電話で借入や送金ができるようになれば、都市部にいない人でも資金調達ができるようになります。例えば、ソーラーパネルが買えたり、最新の教材で勉強できたりするわけです。貧富の格差を解消する一つの方法として、エムペソは注目を浴びています。

03

ファイナンシャル・インクルージョン

新しい技術が生まれても、すぐに利用できる人だけではありません。そうして一層資金調達が難しくなり、結果的に格差拡大にも繋がります。金融についても、より多くの人を包摂する方法が求められています。

◆金融へのアクセスを全ての人に

先述したエムペソについては、少しでもフィンテックに興味のある方は周知の事実かと思われます。こうしたシステムが日本にあれば便利でしょうし、送金ビジネスも増加しつつありますが、必要性は少し異なります。

なぜなら、日本人の多くはすでに銀行口座を持ち、銀行での送金も比較的容易だからです。また、インターネットバンキングやコンビニでの送金も可能です。

日本で大事なのは、それよりも金融包摂（ファイナンシャル・インクルージョン）だという考えもあります。

特に近時では新型コロナ禍という特別事情があり、日本でもスマートフォンやアプリはどんどん充実しています。しかし、全国民がスマートフォンを保有しているかといえば、そうではありません。

少し前のデータですが、日本におけるスマートフォンの普及率は86・8％です。これを年収２００万円未満の人に限って見れば、60％に下がります※144。ＡＩやスマートフォンでしかお金を借りられないとなれば、これらのシステムを利用できない人はより一層資金調達が難しくなります。

そこで、こうした人たちを包含するための金融包摂という考え方が生まれています。第４章で述べたダイバーシティ・インクルージョンは、全ての人を受け入れ、全ての人を社会や組織の力にしていくものです。同様に、既存または新規の金融へのアクセスが難しい人たちを包摂していこうという考え方です。対外的には技術の輸出という側面、国内的には高齢者や外国人労働者等へのサポートという面で、今後の発展が期待されます※145。

※144　『国民生活研究第61巻第２号』より
※145　参照：KPMGウェブサイト「我が国における金融包摂の課題と対応状況」
https://home.kpmg/jp/ja/home/insights/2021/05/financial-inclusion-202105.html

◆マイクロファイナンスへの批判

海外での金融包摂については、「マイクロファイナンス[※146]」という手法を考える必要があります。日本にも海外でのマイクロファイナンスに参画している企業が存在します。

マイクロファイナンスは、既存の金融サービスを利用することが難しい貧困層や低所得者層に少額の融資を実行し、起業や事業運営等に役立ててもらうことで、貧困からの脱却を図るという金融サービスです。

バングラデシュのグラミン銀行では、5人組のグループを作って個人ごとに貸付を行うものの、グループ・メンバーは仲間が貸付を期限どおりに返済できるよう、ピア・サポートやピア・プレッシャーを期待されるという形で貸付が行われているとされます[※147]。

また、MICROFINANCE BAROMETER 2019[※148]によると、2018年の世界のマイクロファイナンス機関の融資残高の合計は1241億ドル、借主は1億3990万人と推定されています。

※146　貧困層や低所得者層への少額の融資
※147　参照：『貧困克服への挑戦　構想　グラミン日本』100・156頁（菅正広著、明石書店）
※148　参照：https://www.convergences.org/wp-content/uploads/2019/09/Microfinance-Barometer-2019_web-1.pdf

しかし、マイクロファイナンスに対しては、行き過ぎた商業主義と過剰融資、それに投資効果が上がってないという批判をする人もいます。

ただし、これらの問題点はマイクロファイナンスという制度に内在している事象だとも言えます。

まず、どんな事業でも、慈善活動だけではやっていけません。ビジネスである以上、ある程度商業主義になるのは仕方のないことです。

次に過剰融資について、結局はモニタリングや過剰融資規制、説明義務違反、金融リテラシー等の問題でもあります。

また投資効果が上がっていないといっても、そもそも低所得者層の人がビジネスを起こしたからといって、みんなが当然に成功できるわけではありません。

◆日本でのマイクロファイナンスは可能か

日本でもマイクロファイナンスに取り組んでいる機関・団体があります。例えば、グラミン銀行の日本版であるグラミン日本が２０１８年に設立されて、日本で活動を行っています[※149]。

一般に、日本では起業して成功するのが難しいともいわれていますし、いまだ新卒終身雇用制度が根付く社会の中で、スキルアップした上で転職するハードルもそれなりに高い部分が存在します。

そのため、近時は、融資するのに加えて、起業・就労のためのトレーニングを提供したり、デジタルプラットフォームを使い、雇用機会のニーズをマッチングしたりする等の支援も行われています。

「富める人にだけ貸し、そうでない人には貸さない」となれば、やはり貧しい人が困ります。そのような状態をフィンテックで救っていくのか、マイクロファイナンスで救っていくのか、いろいろな方法での議論が進んでいます。

◆真のイノベーションが必要

翻って考えてみると、日本でこれまでマイクロファイナンスの機能を果たしていたのは、いわゆる消費者金融でした。消費者金融には悪いイメージもありますが、過払

※149　参照：グラミン日本ウェブサイト https://grameen.jp/

いの問題が起きるまで、特に戦後の復興期においては、日本の家計を助けるファイナンスでした[※150]。

そこから、過剰な取立てや豊田商事事件[※151]、過払い請求権の問題等が起きて規制されるようになりました。

とはいえ、いまでも多くの消費者金融は銀行系に入って活動しています。現実問題として、消費者金融でなければお金を借りられない人もいるわけです。

今後注意深く検討していかなければならないのは、金融包摂において使われている手法は新しい手法なのか、それとも既存の手法の焼き直しなのかという点です。日本で盛りを過ぎた消費者金融と個人保証の再導入であれば、機能しないかもしれません。

結局、この問題の根本は次のようなことだと思えます。

①マイクロファイナンスが消費者金融と同じであれば、与信、回収可能性の確保をどのように行うのか

②消費者金融が過酷な回収をたどった歴史をどう回避するのか

※150　歴史的経緯についての参考として：『サラ金の歴史』（小島庸平、中公新書）
※151　1980年代前半に発生した、豊田商事による悪徳商法（現物まがい商法）を手口とする組織的詐欺事件

③事業計画を検証する点が違うとするならば、事業計画の精査をどう行うのか
④連帯債務性のリスクをどのように考えるのか

金融包摂という概念の成立、及びその必要性が認識されたことは重要です。もちろん、次から次へと新しい手法が生まれるわけではないので、既存の手法の再活用を図ることも重要ですし、地域によってはそれがフィットすることもあります。ただし、既存の手法には既存の手法なりの問題点があるわけで、その点を看過して「名前だけ変えて採用しても問題点は解決しない」可能性があるという点にも留意が必要です。

フィンテックの利便性・新規性・他業者の介入を踏まえると、少なくとも現状はフィンテック拡大路線を続けることが有効だと思われます。そうなると、一方でＩＴ化の促進、他方で金融包摂によるサポートを続けていくことが必要です。

図表 19　資金調達を巡る課題

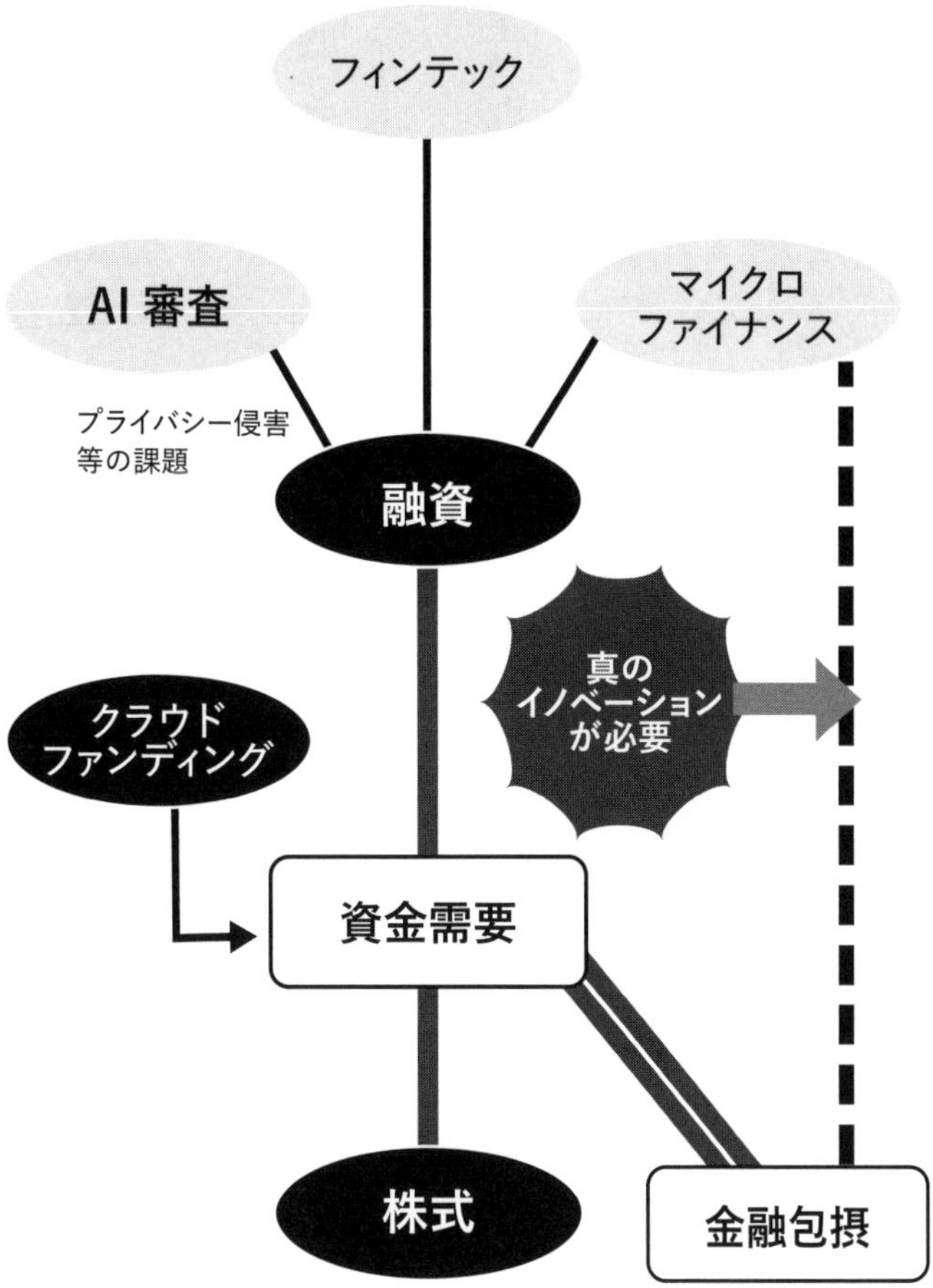

04

フェイクニュース問題

各種テクノロジーが発展し、膨大な量の情報が発信される中で、「フェイクニュース」の危険性が議論されています。私たちに届けられる情報の中に、間違ったものが入り込んでいます。それが拡大していけば、民主主義を阻む要素にもなりかねません。

◆民主主義が機能しなくなる?

例えばツイッターやフェイスブックで流れている情報は、真実なのでしょうか。その中にフェイクニュースが紛れていれば、私たちは情報判断を誤る危険性があります。例えば、イラクのクウェート侵攻後、「ナイラ」という少女の証言が米国のプロパガンダの一例であったことが判明した「ナイラ証言」という事件は1990年のことです。

仮に、あるコミュニティの中で誰かが虚偽の発言をしていても、気付かなければ拡散していくリスクも存在します。さらに将来的には、ネット上で著名人になりすました人物が「本人の考えとは違うこと」を話すようになるかもしれません。

私たちは選挙にせよ、投資にせよ、通常の日常生活にせよ、得られた情報に基づき自己判断を行っています。その判断の前提となる情報に虚偽の情報、特に何らかの意図を持った虚偽の情報が紛れ込むようになったとき、民主主義は正しく実現されるのでしょうか。

こうしたリスクは、近時の米国大統領選挙でも起きていました。「A氏が間違っている」あるいは「B氏の言うことはおかしい」といった情報が根拠なく発信されるようになれば、それを鵜呑みにした人たちがフェイクニュースを理由に投票する危険があります。

フェイクニュースというものは、私たちの社会情勢を変化させる危険性を持っています。このような営業活動を基本的人権の尊重、社会の発展といった観点から許容できるのでしょうか※152。

※152　この議論についての参考として：東京大学未来ビジョン研究センターウェブサイト「国際シンポジウム：AIと民主主義」
https://ifi.u-tokyo.ac.jp/event/9304/

◆規制派・非規制派の主張

以上の危険性を踏まえ、フェイクニュースを巡る世界的な議論も、法律による規制容認派と非規制派に分かれています。

規制容認派の主張はわかりやすいと思います。「社会に有害な情報を流すな」ということで、ドイツやフランスはこちら側です※153。

反対に米国は、最近州レベルでは規制が始まっていますが、非規制派が主流です。日本も米国の影響を受けて非規制派と言えます。

非規制派の根拠には、思想の自由市場という考え方もあります。Aという見解が社会に示されたとして、「もし間違っているのであれば、市場で淘汰されるはず」と考えます。それにもかかわらず「国家が介入してBという見解が正しい」ということは、国家による思想の選別だと考えるものです。

他方で、「寛容のパラドックス」といわれる問題も存在します※154。「もし社会が無制限に寛容であるならば、その社会は最終的には不寛容な人々によって寛容性が奪わ

※153　参照：三菱総合研究所「諸外国におけるフェイクニュース及び偽情報への対応状況」https://www.soumu.go.jp/main_content/000651925.pdf
※154　参照：『開かれた社会とその敵（第1部）』（カール・ポパー著／内田詔夫・小河原誠訳、未来社）

れるか、寛容性は破壊される」というものです。

もっとも、非規制派の国においても、この問題を放置していいという達観した考えは少なく、自主規制による解決、教育による解決、既存の法令による解決等、さまざまな方法によってこの問題に対処しようとしています※155。

なお、日本においては刑法上の名誉毀損罪、及びそれを参考にする民法上の不法行為、また公職選挙法による規制等が存在します。すなわち、虚偽の名誉棄損は刑事処罰の対象になることがあります（刑法２３０条）。

正確には名誉棄損は虚偽かどうかを問わず犯罪の基本要素を構成するのですが、真実または真実と信じる相当な理由があり、一定の他の要件を具備した場合には免責されます。

また公職選挙法２３５条２項には、当選を得させない目的をもって公職の候補者等に関し虚偽の事項を公にし、または事実をゆがめて公にした者を罰する規定が存在します。

※155　信頼できる情報源に人々の注目を集める重要性と、信頼できる情報を生成する制度を手助けする方法の参考として：慶應義塾大学メディア・コミュニケーション研究所紀要「思想の自由市場の中のフェイクニュース」（水谷瑛嗣郎）。

ここまで見てきたように、新技術が生むさまざまな弊害というものが存在します。技術の進化と社会課題は同時多発的に起こり得るのです。

これに対して、「脱成長」という考えもありますが、成長を止めることは、現実的には多くの困難を生み出します。「成長しながらこれらの弊害を解決していく必要がある」というのが一つの考えです。

column

公正な選挙とは

以前、トランプ氏の発言をTwitterが規制したことがあります。それに対してイーロン・マスク氏は同社の買収が成功したら規制を解除する旨の発言を行ったと報道されました※156。

マスク氏は『月は無慈悲な夜の女王※157』という小説を好んでいるといわれます※158。

この小説は、月が地球から独立して地球と戦争するという話です。月で選挙が行われて、独立派と非独立派が戦います。選挙はしますが、結果として独立派が勝利し、地球と戦争することになります（なぜ独立派が勝ったのかの核心部分は、原作をお読みください）。

※156　参照：BBC NEWS JAPAN ウェブサイト「マスク氏、トランプ氏のツイッターアカウント凍結を撤回の意向」https://www.bbc.com/japanese/61403430
※157　日本語版：ロバート・A・ハインライン著／矢野徹訳、早川書房
※158　参照：Oshibon ウェブサイト「イーロン・マスクの推し本」https://www.oshibon.com/elon-musk-books

みんな選挙の中にフェイクニュースが紛れ込むことの危険性をわかっていま
す。それを踏まえた上で、どう選挙を戦うかと考える、そういう時代なのかも
しれません※159。

※159　その他民主主義の問題点の参考として：『22世紀の民主主義』（成田悠輔、SB新書）

05

ベネフィット・コーポレーション立法

第6章で述べた通り、社会課題の解決について、行政には限界があります。企業でもやはり利益が優先されがちです。そこを埋める存在としてNGO・NPOが活動していますが、大規模な活動は難しい現実があります。そこで注目されているのが、ベネフィット・コーポレーションという法人形態です。

◆公的役割を目的とする新たな法人形態

NGO・NPOは収益事業を行ってはいけないと理解している人も多いですが、これは間違いです。NGO・NPOも収益事業自体は行っていますが、得たお金を資金拠出者に配当してはいけない。これが営利企業との違いです。

そうすると、NGO・NPOに対する資金提供は、基本的には寄付という形になります。しかし金銭的なリターンがない方法で多額の資金を集めることは難しいです。

そのため団体規模を拡大することも難しく、やはり活動にも限界が出てきてしまいます。そうした事情で、ＮＧＯ・ＮＰＯが大規模な課題解決をするのが難しいという現実があります。

行政も営利企業もNGO・NPOも、社会的な課題の解決の全てをカバーできずに、隙間ができてしまう。諸外国において社会的責任に焦点を当てた企業として注目されているのが、ベネフィット・コーポレーションという法人形態です。

例えば米国では、２０１０年にメリーランド州で初めてベネフィット・コーポレーションを認める法律が制定され、現在では40の州で制定されています[※160]。

ベネフィット・コーポレーションは、株主や取締役会があり、株主に対する配当も認められていて、税制優遇はないという点では株式会社と同様です。

異なる点としては、例えば米国デラウェア州法上のベネフィット・コーポレーションでは、次のこと等が挙げられます[※161]。

①目的とする具体的な公益を定款に記載しなければならないこと

②取締役は、株主の利益、会社の活動によって重大な影響を受ける者（ステークホル

※160　参照：B Lab「The Policy #BehindtheB: How we're creating new rules for the global economic system」
https://www.bcorporation.net/en-us/news/blog/behind-the-b-inside-policy-at-b-lab
※161　参照：デラウェア一般会社法（General Corporation Law）362条、365条（a）、366条（b）

ダー）の利益、及び、定款に定める公益の均衡を図りながら事業を遂行する義務を負うこと

③定款に定める公益事業の遂行状況等を定期的に株主に報告しなければならないこと

◆日本での導入は実現するのか

日本でも同様の法人形態を新設することを検討する動きが出てきています。

背景としては、まず行政、営利企業、ＮＧＯ・ＮＰＯ等でカバーできない課題があるという点です。それに、岸田政権が提唱する「新しい資本主義」の「民間も公的役割を担う社会を実現する」という考え方[※162]に合致するという面もあります。２０２２年５月31日に新しい資本主義実現会議が計画案を公表し、その中にベネフィット・コーポレーション立法を検討していくという項目が入っています[※163]。

ただ、本当に日本でこの立法がなされるかといえば、不確かな面もあります。

日本の会社法上、定款の事業目的に営利事業が一部でも含まれていれば、公益的・社会的な事業目的を定款に記載することも許され、株式会社が公益的・社会的な利益

※162　参照：新しい資本主義実現本部／新しい資本主義実現会議「新しい資本主義のグランドデザイン及び実行計画～人・技術・スタートアップへの投資の実現～」
https://www.cas.go.jp/jp/seisaku/atarashii_sihonsyugi/pdf/ap2022.pdf

の追求を行うことも認められるという見解もあります※164。この見解からは、株主利益の最大化が強く求められる米国とは異なり、立法までは必要ないのではないかとも考えられます。

また、新たな法人形態を作るのではなく、NGO・NPOに対する寄付者がより税務メリットを享受できるように寄附税制を改正して、NGO・NPOへの寄付を促進し、NGO・NPOがより大規模な課題解決をできるようにしたほうがいいのではないかという考え方もあります。

そうした点から実際に立法されるのかは今後の動向を見る必要がありますが、前述のとおり2022年の夏から具体的な検討は始まっている状況です。

※163　参照：新しい資本主義実現本部／新しい資本主義実現会議「新しい資本主義のグランドデザイン及び実行計画（案）～人・技術・スタートアップへの投資の実現～」
https://www.cas.go.jp/jp/seisaku/atarashii_sihonsyugi/kaigi/dai8/shiryou1.pdf
※164　参照：『会社法コンメンタール（1）』（江頭憲治郎編、商事法務）284-285頁（森淳二朗著）

06

5900社以上が取得するB Corp™認証

パーパスドリブンで、株主だけではない全てのステークホルダーに恩恵をもたらす企業を認証する、「B Corp 認証」という制度があります。B Lab™という米国のNPOが行っているもので、法律的な裏付けがあるものではありませんが、どこの国の営利企業・営利団体でも参加でき、認証企業が年々増えています。

◆認証のハードルは高い

企業にとってのB Corp 認証のメリットとして、国によっては資金調達において有利に働くことがあります。ほかにも採用に好影響が出たり、企業ブランディングになったりすること等から、この認証が進んでいます。

現状86カ国5900社以上の企業・団体が取得し、パタゴニアやベン&ジェリーズ、ダノン等の有名企業も取得しています。企業に限らず組合や法人格のない団体でも取得が可能で、海外には法律事務所が認証を受けているケースもあります。

具体的な認証基準としては、ワーカー（Workers）、コミュニティ（Community）、エンバイロメント（Environment）、ガバナンス（Governance）、カスタマー（Customers）という五つの評価指標があり、質問に対して複数の選択肢等から選んで回答します。それに照らし合わせて２００点中80点以上を取得し、B Lab による審査を経た上で認証されます※165。

点数だけを聞けば簡単に満たせそうにも思えますが、実際にはハードルが高いといわれています。

例えば「エネルギー効率に配慮した照明、オフィス設備、冷暖房を利用している」「環境負荷が少ない再生可能エネルギーを使用している」※166という項目については、オフィス等が多い大企業では完全には満たすことが難しい場合も少なくありません。

また、例えば「従業員（パート・アルバイト、派遣社員を含む）や取引先に生活賃金を支払っている」という項目については、日本では、公表情報から生活賃金（労働者とその家族が基本的ニーズを満たすために十分な賃金）を算出するのが難しいという問題があります。

※165　参照：『社会的インパクトとは何か』（マーク・J・エプスタイン、クリスティ・ユーザス著／松本裕訳、英治出版）
※166　参照：『B Corp ハンドブック　よいビジネスの計測・実践・改善』（ライアン・ハニーマン、ティファニー・ジャナ著／B Corp ハンドブック翻訳ゼミ訳、バリューブックス・パブリッシング）

なお、B Labは、現在、B Corpの認証基準の大幅な変更を検討しており、新しい認証基準は2024年からの段階的な導入を目指しているとされています※167。

◆日本企業の認証は進むか

B Corp認証されている企業は、日本ではまだ15社しかありません※168。上場企業ではシグマクシス・ホールディングスが2022年1月に初めて認証されました。公益の実現を目指すことは株主利益と反することもあり得るため、日本の上場企業では難しいのではないかという声もありましたが、今後増えていくかもしれません。

肌感覚にはなりますが、日本にはISO等を取得して開示する等、認証制度に積極的な会社が多いように思います。他方で、社会課題への取り組みを公的に認証してくれる制度は多くありません。その結果、ある程度の影響力がある認証として、B Corp認証の取得が進んでいくかもしれません。

上場会社自身が取得するのは難しいと判断しても、その子会社で取得するという流れもあるかもしれません。各国の法人で取得する企業も出てきています。例えば、ダ

※167　参照：B Lab「Adapting and advancing performance requirements through community and stakeholder feedback.」
https://www.bcorporation.net/en-us/standards/performance-requirements

※168　参照：『読売新聞 2022年10月21日』「「公益重視」ブランドに「Bコープ」認証5900社超」

ノンは、２０２５年までに世界中のダノンの子会社がＢ Corp認証を取得することを目指しており、ダノンジャパン株式会社は、２０２０年にＢ Corp認証を取得しています※169。

※169　参照：①ダノンジャパンウェブサイト「B Corp 認証」
https://www.danone.co.jp/impact/bcorp/
②ダノンジャパン 2020 年 6 月 16 日プレスリリース
https://www.danone.co.jp/wp/wp-content/uploads/499dee07a16c855a077dd8f6a19e521c.pdf

07

社会課題解決のためのインパクト投資

社会課題解決のための投資として「インパクト投資」が注目されています。日本ではまだまだ限られた市場ですが、さまざまな課題解決への活用が期待されています。その定義と実情について、見ていきましょう。

◆インパクト投資の四つの要素

「インパクト投資」とは、法令上の定義が存在するわけではありませんが、ロックフェラー財団等の資金提供者・投資家により2009年に設立された非営利組織GIIN※170が公表している、次の定義が用いられることが多いです。

「財務的リターンと並行して、ポジティブで測定可能な社会的・環境的インパクトを生み出すことを意図する投資（investments made with the intention to generate

※170　Global Impact Investing Network

positive, measurable social and environmental impact alongside a financial return)」

歴史的には、投資は財務的なリターンが目的で、社会課題を解決するのは慈善事業であるという二分された考え方が一般的でした。しかし、寄付等を原資とした慈善事業ではその広がりに限界があるため、社会課題解決のために投資の手法を導入したものがインパクト投資です。

インパクト投資というためには、四つの要素を満たす必要があるとされています※171。

①投資家がポジティブなインパクトの創出を意図していること

このことから、受託者責任や善管注意義務に反するのではないかという議論があります。

この点で、フレッシュフィールズという法律事務所がレポートを出し、次のような見解を示しています。

「日本法上、投資収益を無視して環境要素及び社会的要素を追求することは一般的に

※171　参照：① GSG 国内諮問委員会「日本におけるインパクト投資の現状と課題　2021 年度調査」
http://impactinvestment.jp/user/media/resources-pdf/gsg-2021.pdf
② GIIN（Global Impact Investing Network）ウェブサイト
https://thegiin.org/impact-investing/need-to-know/#what-is-impact-investing

容認されない。しかし、投資先企業の企業価値を高めることによって中長期的に投資収益の向上に繋がると合理的に判断する場合には、短期的には投資収益が阻害される場合でも、環境要素及び社会的要素を追求することができる」※172。

つまり、インパクトの創出を直接的な「目的」にするインパクト投資は認められないとしても、財務的リターンの実現の「手段」として社会的・環境的インパクトを実現する投資は認められるのではないか、という内容です。

②投資家が財務的リターンの獲得を目指していること

このことから、寄付はインパクト投資には該当しません。

③特定のアセットの投資に限定されないこと

④インパクトの測定をすること

インパクト投資とは別に、社会課題と絡んだ投資としては「ＥＳＧ投資」があります。財務情報だけではなく、ＥＳＧに関する情報も基準として投資をするというものです。

※172　参照：「A LEGAL FRAMEWORK FOR IMPACT」
https://www.unpri.org/download?ac=13902

これは、「環境や社会を良くすること」を目的とした投資ではありません。そのため、投資先の企業が実際に環境や社会に良い影響を与えているのかというところまでは、必ずしも測定・報告されていません。

投資先が社会に与えているインパクトまで見なければ、投資が本当に社会に良い影響を与えていることにはならないのではないか、そうした意識から、インパクト投資が行われているという面があります。

◆インパクト投資のステップ

インパクト投資のステップとしては、次の5段階を踏みます※173。

第1段階「インプット」
第2段階「アクティビティ」
第3段階「アウトプット」
第4段階「アウトカム」
第5段階「インパクト」

※173　参照：『社会的インパクトとは何か』（マーク・J・エプスタイン、クリスティ・ユーザス著／松本裕訳、英治出版）

先ほどのマイクロファイナンスを例に、それぞれの段階を説明します。

第1段階の「インプット」はリソースの投入です。会社を作って、人やお金を投入して事業ができるようにします。

第2段階の「アクティビティ」は具体的な活動です。実際にマイクロファイナンスを実行する貸付を行います。

第3段階の「アウトプット」は結果、貸付の契約人数や件数、金額です。

その測定をするのが、第4段階の「アウトカム」です。貸付を受けた人が、年間に新規事業を何件立ち上げたか、どれくらいの収入を得たか、といったことです。

それによって、社会的にどんな良い影響があったのか、例えば特定の国や地域で貧困率が下がったというところが、最後の「インパクト」です。


難しいのは、インパクトをどのように測定するかです。そもそもデータ収集が難しく、高額のコストがかかる場合もあります。それに、比較が難しいという点もあります。

金融投資であれば、通貨は違うとしてもリスクとリターンの比較が容易です。この会社に投資したら1年でこれだけリターンがあった、この会社だったらこれだけだった、だからこっちのほうが投資としては良かったということがわかりやすいと言えます。

一方で、例えば二つのインパクト投資を行った場合、「貧困率がこれくらい低下した」という変化と、「学校に通える子供がこれだけ増えた」という変化、それぞれ数字が出たとしても、どちらがより大きなインパクトだということを比較しづらいわけです。

インパクト評価の方法には議論が重ねられ、さまざまなモデルが出てきています※174。低コストで評価して、比較しやすいようなデータで示す方法が模索されているところです。

◆インパクト投資と上場

最近では、「インパクトＩＰＯ」や「ソーシャルＩＰＯ」と呼ばれるＩＰＯがあります。

これまで、ＥＳＧの観点では、新規上場で得た資金を環境や社会の分野にだけ使うというように、資金使途を限定した形のＩＰＯがありました。

インパクトＩＰＯは、「当社はこういう方法でインパクトを出して、こういう形で

※174　参照：『インパクト投資 社会を良くする資本主義を目指して』（ロナルド・コーエン著／斎藤聖美訳、日本経済新聞出版）

継続します。それを実現していけるように、ステークホルダーともエンゲージメントしていきます」といった内容を開示し、そこに共感する投資家を募るという形のＩＰＯです[※175]。まだ日本での実例はありませんが、このようなＩＰＯに向けた準備をしている会社があると聞きます。

また、２０２２年10月14日に、社会課題の解決と持続可能な成長の両立を目指すインパクトスタートアップのコミュニティである「インパクトスタートアップ協会」が設立されました[※176]。早晩、日本でもインパクトＩＰＯをする企業が登場するように思います。

column

インパクトIPO企業は敵対的買収の対象になりにくい？

財務的リターンよりも社会的インパクトを重視する会社を売却しようとする場合、現在の日本ではそのような投資を意図している会社や投資家が多くないため、一般的な営利企業を売却する場合に比べて、売却先が見つかりにくいのではないかと思われます。

他方で、その観点からは、社会的インパクトを重視する会社は、敵対的買収の対象になりづらいという副次的な効果があるかもしれないと指摘する海外の

※175　参照：『日本経済新聞 2022 年２月８日』「目指すはソーシャルIPO　起業家たちの挑戦」
※176　参照：https://prtimes.jp/main/html/rd/p/000000001.000109519.html
※177　参照：Dennis J. Tobin、Laina Smith“B Corp Certification in Canada: Part II - What else should I be asking my lawyer?”

弁護士もいます[177]。

いわゆるアクティビストは、やはり財務的リターンを重視しています。彼らからすれば、基本的には、公益や社会的インパクトを重視する会社は魅力的ではないかもしれません。

日本ではインパクトＩＰＯをした実例がないので実際どうなるかわかりませんが、上記の海外の弁護士の指摘からすると、インパクトＩＰＯ企業は敵対的な買収から狙われづらくなるかもしれません。これは、もちろんインパクトＩＰＯの本来の目的ではありませんが、そうした効果も副次的には出てくるのかもしれません。

◆日本の市場が狭い理由

インパクト投資の市場について、統計が少ないのですが、２０１９年時点で全世界で５０２０億ドルといわれています[178]。そのうち欧米が大部分で、日本を含めた東アジアはかなり少ない状況です。日本は２０２１年で最大５兆３３００億円程度と推計されています[179]。

※178　GSG国内諮問委員会「インパクト投資拡大に向けた提言書2019」より
※179　GSG国内諮問委員会「日本におけるインパクト投資の現状と課題　2021年度調査」より

日本の市場が小さいことの原因として、GPIF※180が扱っていないという点があるといわれています。GPIFの2022年3月末時点の運用資産は196兆5926億円にのぼり※181、世界最大級の機関投資家といわれています。GPIFはESG投資をしているものの、インパクト投資は行っていないと明言しています※182。GPIFは、「専ら被保険者の利益のために、長期的な視点から」将来の年金給付の財源となる年金積立金を運用することが、法律で定められています。ここでいう「利益」とは「経済的な利益」であると解釈されていることからインパクト投資を行っていないと説明しています。

ただ、社会的・環境的インパクトの実現を直接の目的とするのではなく、財務的リターンの実現の「手段」として社会的・環境的インパクトを実現する投資は認められるのではないかとも考えられます。

日本でも金融庁主催の「インパクト投資に関する勉強会」等において、機関投資家がインパクト投資にさらなる一歩を踏み出すためにはどうすればいいのかを議論している状況です。きちんと整理ができてGPIF等もインパクト投資を始めれば、一般にも急速に広まっていくかもしれません。

※180　年金積立金管理運用独立行政法人（Government Pension Investment Fund）
※181　参照：年金積立金管理運用独立行政法人ウェブサイト「2021年度の運用状況」
https://www.gpif.go.jp/operation/last-years-results.html
※182　参照：年金積立金管理運用独立行政法人「2020年度ESG活動報告」
https://www.gpif.go.jp/investment/GPIF_ESGReport_FY2020_J.pdf

このように、議論中の事項が多く発展途上のインパクト投資ですが、少子高齢化や地域衰退といった社会課題がある日本において、その解決の一手段として活用されることが期待されます。

あとがき

日本は今後徐々に衰退していくのではないかという声を耳にしながらも、それなりの国力があり、多くの人が漠然と「何とかなる」と考えてしまっているように思います。次の世代やその次の世代のことを考えれば、イノベーションを起こし、産業障壁を取り除いていくべきであり、それが安倍政権の示す「第3の矢」だったはずです。

なぜうまく実現せず、今日に至っているのか。

20年前には、土日関係なく仕事をすることを求められたり、社会的には意義があっても利鞘の薄いビジネスについては「そのようなビジネスに意味があるのだろうか」という議論がなされたりすることがありました。

いまではそのような考え方は大分減ってきたと感じますが、それはこの20年で世の中の流れが変わったからだと思います。そうである以上、日本のビジネスも変わっていく必要があります。

この本ではＣＳＲを考える上でのポイントを説明してきました。ＣＳＲには企業価値を減少させないための、もっと言えば企業価値を高めるためのヒントが数多く散りばめられており、ビジネスと本来的にも矛盾するものではありません。

むしろ、この時代においては、先進的な企業はＣＳＲにかけるコストについて「投資」と積極的に捉えており、さらには、ＣＳＲへの取り組み自体を企業活動の中核・存在意義と捉える企業も出てきています。

その一方で、その内容が非定型的かつ流動的であり、「これを守れば大丈夫」という概念ではないところにＣＳＲのわかりづらさがあります。

また、単に「我思う」だけではなく、ステークホルダーと協議を行ったり、自社の考えを積極的に外部に開示したりすることが求められている点でも、取り組む上での課題があるように思われます。この辺り、やはり外資系企業のほうが上手に見えますが、日本企業にもできないはずがありません。

筆者らは、ＣＳＲにまつわる諸論点について、世界の動向、各概念や事象の底に流れる考え方、さまざまなステークホルダーの視点等を、企業法務に携わる弁護士としての観点から紹介することで、ＣＳＲについての理解の一助としていただきたい、さらには企業運営、ひいてはビジネスを拡大していくことのヒントに少しでもなれば、という強い想いで本書を書きました。

本書の中には考え違いや勉強不足もあるかとは思いますが、読者の皆様が日々の活動をされるに当たり、少しでも参考になれば幸いです。筆者らも引き続き研鑽に努め、皆様のお役に立てるよう取り組んでいく覚悟です。最後までお読みいただき、ありがとうございました。

西村あさひ法律事務所　柴原 多・湯川雄介・根本剛史

［著者略歴］

柴原 多（しばはら・まさる）

西村あさひ法律事務所弁護士
1996年、慶應義塾大学法学部卒業。1999年に弁護士登録（東京弁護士会）。
企業の法的課題（特に資金調達関連を含む）の解決及び紛争案件を担当。近時は「地方創生とSDGs」（『事業再生と債権管理No.172』2021年4月5日号、金融財政事情研究会）、「SDGsと企業法務の課題」（「法と経済のジャーナルAsahi Judiciary」）等SDGs関連の執筆、及び「事業の再稼働とサプライチェーンの再構築へ」（セミナー）、「CSRと企業活動との整合性に関する法的考察」（セミナー）等、新しい経営環境への対応に従事。

湯川雄介（ゆかわ・ゆうすけ）

西村あさひ法律事務所弁護士
1998年、慶應義塾大学法学部卒業。2000年に弁護士登録（東京弁護士会）。スタンフォードロースクール修了。日本弁護士連合会 国際人権問題委員会幹事。ビジネスと人権ロイヤーズネットワーク運営委員。
多数のM&A、事業再生案件を手掛け、2013年よりミャンマーのヤンゴン事務所の代表として日本企業の進出支援や、法整備支援業務に従事。近時はビジネスと人権の領域に積極的に関わり、広く企業の同分野への取り組みを支援。著書に『詳説 ビジネスと人権』（共著、現代人文社）、『円滑に外国人材を受け入れるためのグローバルスタンダードと送出国法令の解説』（共著、ぎょうせい）。ほか、「グローバルサプライチェーン供給契約と人権保護」（『NBL』2021年11月1日号～、商事法務）、「座談会　サステナビリティの思考と実践」（『NBL』2022年5月15日号～、商事法務）等を執筆。国際機関等を含め、数多くのセミナーにて講師を務める。

根本剛史（ねもと・たけし）

西村あさひ法律事務所弁護士
2003年、慶應義塾大学法学部卒業。2005年に弁護士登録（第一東京弁護士会）。2015年にニューヨーク州弁護士登録。
複雑なM&A案件を多数手掛け、近時は、ビジネスと人権、インパクト投資等の案件にも携わる。また、プロボノ活動その他の社会貢献活動を積極的に行っている。著書に『NPOの法律相談［改訂新版］』（共著、英治出版）。近時の活動として、経済産業省・日本貿易振興機構共催「『責任あるサプライチェーン等における人権尊重のためのガイドライン』実装ウェビナー」（セミナー、2022年10月13日）、日本弁護士連合会主催「プロボノ・シンポジウム～日本におけるプロボノを解き明かす～」（シンポジウム、2021年11月）等。

誇《ほこ》れる会社《かいしゃ》であるために
戦略《せんりゃく》としてのC《しー》S《えす》R《あーる》

2022年12月11日　初版発行

著　者　　柴原 多・湯川雄介・根本剛史

発行者　　小早川幸一郎

発　行　　株式会社クロスメディア・パブリッシング
〒151-0051 東京都渋谷区千駄ヶ谷4-20-3 東栄神宮外苑ビル
https://www.cm-publishing.co.jp
◎本の内容に関するお問い合わせ先：TEL(03)5413-3140／FAX(03)5413-3141

発　売　　株式会社インプレス
〒101-0051 東京都千代田区神田神保町一丁目105番地
◎乱丁本・落丁本などのお問い合わせ先：TEL(03)6837-5016／FAX(03)6837-5023
（受付時間10:00～12:00、13:00～17:30 土日祝祭日を除く）
service@impress.co.jp
※古書店で購入されたものについてはお取り替えできません
◎書店／販売会社からのご注文窓口
株式会社インプレス 受注センター：TEL(048)449-8040／FAX(048)449-8041

印刷・製本　　株式会社シナノ

ISBN978-4-295-40771-3　　C2034